Yuechuang Yunpingtai
Qiye Jingying
Shapan Moni Shixun Shouce

高等教育教学改革特色教材
实践与应用系列

约创云平台

企业经营沙盘模拟实训手册

刘平 主编

东北财经大学出版社
Dongbei University of Finance & Economics Press

大连

图书在版编目（CIP）数据

约创云平台企业经营沙盘模拟实训手册 / 刘平主编. 一大连：东北财经大学出版社，2021.6

（高等教育教学改革特色教材·实践与应用系列）

ISBN 978-7-5654-4188-2

Ⅰ. 约… Ⅱ. 刘… Ⅲ. 企业管理-计算机管理系统-高等学校-教材 Ⅳ. F272.7

中国版本图书馆CIP数据核字（2021）第077867号

东北财经大学出版社出版

（大连市黑石礁尖山街217号　邮政编码　116025）

网　　址：http://www.dufep.cn

读者信箱：dufep@dufe.edu.cn

大连永发彩色广告印刷有限公司印刷　　东北财经大学出版社发行

幅面尺寸：185mm×260mm　　　　字数：194千字　　　　印张：10

2021年6月第1版　　　　　　　　2021年6月第1次印刷

责任编辑：张晓鹏　魏　巍　　　　　　　责任校对：宋雪凌

封面设计：冀贵收　　　　　　　　　　　版式设计：原　皓

定价：30.00元

教学支持　售后服务　　联系电话：（0411）84710309

版权所有　侵权必究　　举报电话：（0411）84710523

如有印装质量问题，请联系营销部：（0411）84710711

　　对于沙盘，其实我们并不陌生。在电视上，我们经常可以看见叱咤风云、挥斥方遒的将军在沙盘面前指挥千军万马。在现实生活中，房地产开发商通常会制作小区规划布局沙盘，以利于房屋销售。如此，不一而足。这些沙盘都清晰地模拟了真实的地形、地貌或格局，使其服务对象不必亲临现场，也能对相关情况了然于胸，从而能够从宏观的角度全面审视所处的环境，运筹帷幄。

　　企业经营沙盘模拟就是利用类似上述的沙盘理念，采用 ERP（Enterprise Resource Planning）这种现代管理技术手段来模拟企业的真实经营，使学生从中得到锻炼、启发和提高。模拟意味着我们面对的不是一个真实的企业，而是具备真实企业主要特征的模拟企业。"约创云平台企业经营沙盘模拟实训"课程就是把模拟企业的关键运行环节（战略规划、资金筹集、市场营销、产品研发、生产组织、物资采购、设备投资与改造、财务核算与管理等部分）设计为该实训课程的主体内容，把企业运行所处的内外部环境抽象为一系列的规则，由受训者组成若干个相互竞争的模拟企业，每个受训者在模拟企业中都担任一定的角色，使受训者在分析市场、制定战略、销售预测、组织生产、财务管理等一系列活动中参悟科学管理规律，提升管理能力，并深刻体会理论联系实际的重要性，对低年级学生起到激发学习兴趣的作用，对高年级学生起到学以致用的效果。

　　"约创云平台企业经营沙盘模拟实训"课程具有科学、简洁、实用、有趣等显著特点，其采用的体验式教学已经成为继传统式教学和案例式教学之后深受学生欢迎的又一典型实用的教学方法。该实训课程可以使受训者全面掌握管理知识和管理技能，全面提升受训者的综合素质。该实训课程融理论与实践于一体，集角色扮演与岗位体验于一身，使受训者在参与、体验中完成从知识到技能的一次转化，在操盘后的总结交流中再完成从实践到理论的二次升华。

　　本实训教材基于新道科技股份有限公司全新推出的约创云平台企业经营沙盘模拟系统（该系统 2018 年应用于全国大学生创新创业沙盘模拟大赛，目前开始推广应用于教学，迫切需要配套教材），并结合我们多年跟踪用友 ERP 物理沙盘、创业者电子沙盘、新商战电子沙盘的教学经验（笔者主编的《用友 ERP 企业经营沙盘模拟实训手册》自 2008 年正式出版，至今已更新出版至第 6 版，受到众多高等院校、培训机构与企业的重视和欢迎，前 5 版累计印数已超过 15 万册），以及最近使用约创云平台指导学生多轮实训的实际情况编写而成，供学生在实训中使用并留存。

本实训教材的编写遵循"立足实践教学、兼顾大赛需要"的原则，共分为三大部分：

第一篇导入篇，即在指导教师的讲解下，认识什么是ERP企业经营沙盘模拟，了解所要接手经营的企业现状，掌握模拟竞赛的市场规则和企业运行规则，并在指导教师的带领下进行约创云平台企业经营沙盘模拟系统操作训练，以掌握企业经营流程。

第二篇操作篇，即为受训者进行4年或6年的经营竞赛而准备，分为开篇语、典型策略介绍、操作记录等部分，供担任总经理、财务总监、生产总监、销售总监、采购总监等不同角色的受训者使用。受训者在开始第一年的运行前，一定要认真阅读第二篇的开篇语，这对有效运行非常重要。

第三篇总结篇，主要是为受训者总结交流而准备，以达到提高学习效果的目的。本篇分为日常记录、受训者总结、经营竞赛交流、指导教师点评、分析和阅读文章等部分。为了引发受训者的思考，提升总结、交流的水平和效果，本篇特编进5篇阅读文章，分别从正确认识战略与战略决策、如何思考一个成长型公司的战略决策、企业发展快与慢的辩证关系、多元化的误区和重视制定战略的方法论等角度阐述了公司战略选择、经营方略与竞争策略等问题，以电子版形式在网上供读者免费阅读，供受训者总结提高时参考。

本实训教材将实训所用的实训任务书、实训指导书和实训报告书"三册合一"。第一篇阐述了本实训的意义、目的和任务；第二篇为实训操作指引和分角色操作过程记录；第三篇为实训报告记录及撰写实训报告作指引。

本实训教材由沈阳工学院刘平教授起草写作大纲并担任主编，张赢盈、窦乐、钟育秀担任副主编，张超、孙增、石佳鹭、张颖参与了部分内容的编写工作。

本实训教材的编辑和出版得到了东北财经大学出版社张晓鹏编辑的热情鼓励和大力支持，我的学生吴庆鑫、苏义参与了部分资料的整理工作，在此一并表示衷心的感谢！同时，还要感谢新道科技股份有限公司马春先生、支万宇先生以及李迎女士提供了部分资料！

由于作者学识、水平有限，疏漏之处在所难免，敬请广大读者批评指正，我们将在修订或重印时将大家反馈的意见和建议恰当地体现出来。再次感谢广大读者的厚爱！

作者交流邮箱：liuping661005@126.com。

刘　平

2021年于沈抚改革创新示范区

目录

约创云平台企业经营沙盘模拟实训手册

（学生用）

姓　　　名：＿＿＿＿＿＿＿＿

班　　　级：＿＿＿＿＿＿＿＿

学　　　号：＿＿＿＿＿＿＿＿

组　　　别：＿＿＿＿＿＿＿＿

组　　　名：＿＿＿＿＿＿＿＿

角　　　色：＿＿＿＿＿＿＿＿

指导教师：＿＿＿＿＿＿＿＿

实训时间：＿＿＿＿＿＿＿＿

在路上，在学习的路上，在人生的路上，我不知道什么是成功，但我知道什么是失败，放弃就是失败。不放弃，就有希望；坚持，就能成功！

只有懂得规则，才能游刃有余。
只有认真对待，才能获得收获。
只有积极参与，才能分享成就。

1.0　开篇语

学习规则是比较枯燥的，却是必需的。只有懂得规则，才能游刃有余。因此，我们要有以下几点认识：第一，我们是在经营模拟企业，为了运行方便而将内外部环境简化为一系列规则，因此与实际情况有一定差别，不必在规则上较真；第二，虽然是模拟经营，但是切不可将它当成简单的游戏，而要将它当成真实的企业来经营，要有争强好胜的斗志；第三，要正确对待自己的角色，在一个企业中，每个人都扮演着不同的角色，每个角色都有其他角色不可替代的作用，因此每个角色都是重要的，都值得重视，都应该用心做好。

为了使本实训取得预期效果，现将实训的目的和任务、实训方式、时间安排、实训要求与组织管理等内容阐述如下：

1.0.1　实训的目的和任务

（1）了解企业与企业的组织架构。

（2）认清沙盘模拟与真实企业之间的关系。

（3）熟练掌握竞赛规则。

（4）了解各个角色的任务和作用。

（5）深刻认识你所担任角色的作用和任务。

（6）按照企业运行流程，履行你所担负的职责。

（7）团队协作，努力争取竞赛的胜利。

（8）做好实训总结，获得最大的收获。

（9）激发低年级学生学习专业课的兴趣。

（10）使高年级学生学会理论联系实际，能够学以致用。

1.0.2　实训方式

（1）本实训的主要方式是：将学生分成若干组，组成若干个企业的管理团队，利用沙盘模拟企业经营，进行竞赛对抗。每个学生在模拟企业经营的过程中都将担任一定的角色。

（2）总结交流，分为模拟企业内部的总结交流和竞争企业之间的总结交流。这是本实训的重点。

1.0.3　时间安排

本实训主要分为四个阶段，建议各阶段安排如下：

第一阶段，实训动员和规则介绍。一般安排在周一上午，指导教师进行实训动员，介绍"第一篇　导入篇"的主要内容，使学生掌握竞赛规则和企业运行流程。

第二阶段，模拟企业经营竞赛。一般从周一下午开始到周三结束，在指导教师的监督下，学生按照竞赛规则利用沙盘模拟企业4年或6年（依据所选规则而定）的经营并进行竞赛。

第三阶段，撰写实训报告和模拟企业经营内部总结。一般安排在周四进行，每个学生按照要求撰写实训报告，并进行模拟企业经营内部总结。

第四阶段，实训总结与交流。一般安排在周五上午进行，各模拟企业派代表做主旨发言，总结模拟企业经营的成败得失，指导教师做必要的点评，允许并鼓励其他学生发言，谈谈感受和体验。

以上时间安排仅供参考，具体安排以指导教师公布的时间为准。

1.0.4　实训要求

（1）每个学生都要参与所有的实训流程，并负责一个具体的工作岗位。

（2）实训前要认真学习本实训手册的相关内容，明确实训目的、任务和相关要求，确保实训效果。

（3）在实训过程中，要端正实训态度，树立良好的团队精神。

（4）在实训过程中，要特别注意人身和财物的安全。

（5）遵守实训纪律，保证按时出勤，并完成相关任务；遵守国家法律、法规，遵守实训教室的相关规定，听从安排。

（6）做好实训记录，记好实训日记，为撰写实训报告做好准备工作。

（7）认真撰写个人实训报告和模拟企业经营实训报告，字数分别不少于3 000字和4 000字。模拟企业总经理的个人实训报告与模拟企业经营实训报告合一。

1.0.5　组织管理

（1）学生分组由指导教师根据实际情况掌握。

（2）角色分工由各团队自行协商产生。

（3）实训期间，各模拟企业总经理应管理好本团队的人员。

1.1 认识企业经营沙盘模拟

1.1.1 "ERP企业经营沙盘模拟"释义

对于沙盘，其实我们并不陌生。在电视上，我们经常可以看见叱咤风云、挥斥方遒的将军在沙盘面前指挥千军万马。在现实生活中，房地产开发商通常会制作小区规划布局沙盘，以利于房屋销售。如此，不一而足。这些沙盘都清晰地模拟了真实的地形、地貌或格局，使其服务的对象不必亲临现场，也能对相关情况了然于胸，从而能够从宏观的角度全面审视所处的环境，运筹帷幄。

企业经营沙盘模拟就是利用类似上述的沙盘理念，采用 ERP（Enterprise Resource Planning）这种现代管理技术手段来模拟企业的真实经营，使学生从中得到锻炼、启发和提高。ERP是企业资源计划的简称。企业资源包括厂房、设备、物料、资金、人员，甚至包括企业上游的供应商和下游的客户等。企业资源计划的实质是使企业在资源有限的情况下，合理组织生产经营活动，降低经营成本，提高经营效率，提升竞争能力，力求做到利润最大化。可以说，企业的生产经营过程也是对企业资源的管理过程。

模拟意味着我们面对的不是一个真实的企业，而是具备真实企业主要特征的模拟企业。"约创云平台企业经营沙盘模拟实训"课程就是针对一个模拟企业，把该模拟企业的关键运行环节——战略规划、资金筹集、市场营销、产品研发、生产组织、物资采购、设备投资与改造、财务核算与管理等——设计为课程的主体内容，把企业运行所处的内外部环境抽象为一系列的规则，由受训者组成若干个相互竞争的模拟企业，每个受训者在模拟企业中都担任一定的角色，如总经理、财务总监、销售总监、生产总监、采购总监等，通过模拟企业4年或6年的经营并进行对抗（竞赛），使受训者在分析市场、制定战略、财务管理、销售预测、组织生产和原料采购等一系列活动中，领悟科学管理的规律，提升管理能力，并深刻体会理论联系实际的重要性。

这是一种全新的体验式教学手段和方法——既能让受训者全面学习，掌握经济管理知识，又可以充分调动受训者学习的主动性和参与性，使受训者身临其境，真正感受到一个企业经营者直面的市场竞争的精彩与残酷，从而综合提升受训者的经营管理素质与能力。

1.1.2 模拟企业组织架构

任何一个企业在创建之初都要建立与本企业类型相适应的组织结构。合理的组织结构是保证企业正常运转的基本条件。"约创云平台企业经营沙盘模拟实训"课程采用简化的企业组织结构，主要角色包括总经理、财务总监、销售总监、生产总监、采购总监等。

1）总经理

总经理负责制定和实施企业总体战略与年度经营规划；建立和健全企业的管理体系与组织结构，从结构、流程、人员、激励四个方面进行优化管理，实现管理的新跨越；主持企业的日常经营管理工作，实现企业的经营管理目标和发展目标。

现代企业的治理结构分为股东会、董事会和经理班子三个层次。约创云平台企业经营沙盘模拟实训中省略了股东会和董事会，企业所有重要决策均由总经理带领团队成员共同决定，如果大家意见不同，则由总经理决定。做出有利于企业发展的战略决策，是总经理的根本职责。此外，总经理还要控制企业按流程运行；要关注每个人是否能胜任其岗位，尤其是一些重要岗位，如财务总监、销售总监等，如果不胜任，就要及时调整，以免影响整个企业的运行。

总经理还可以兼任商业情报人员的角色。充分了解市场，并且明确竞争对手的动向，有利于今后的竞争与合作。

2）财务总监

在企业中，财务人员与会计人员的职责常常是分离的，他们有着不同的工作目标和工作内容。财务人员主要负责资金的筹集、管理，做好现金预算，管好、用好资金，妥善控制成本。会计人员主要负责日常现金的收支管理，定期核查企业的经营状况，核算企业的经营成果，制定预算及对成本数据进行分类和分析。如果说资金是企业的血液，财务部门就是企业的心脏。财务总监要参与企业重大决策方案的讨论，如设备投资、产品研发、市场开拓、ISO认证、购置厂房等。企业进出的任何一笔资金，都要经过财务部门。

本实训将财务人员与会计人员的职责归并到财务总监身上，由财务总监统一负责企业资金的预测、筹集、调度与监控。财务总监的主要任务是控制现金流，评估应收账款金额与回收期，预估长、短期资金需求，按需求支付各项费用、核算成本，做好财务分析；进行现金预算，洞悉资金短缺前兆，采用经济有效的方式筹集资金，将资金成本控制在较低水平，管好、用好资金。需要注意的是，资金闲置是浪费，资金不足会破产，财务总监应该在两者之间寻求一个有效的平衡点。

3）销售总监

销售总监的职责主要是实现销售，具体包括：进行需求分析和销售预测，寻求最优市场，制定销售部门目标体系；编制销售计划和销售预算；进行销售团队建设与管理；实施客户管理，确保货款及时回笼；进行销售业绩分析与评估；控制产品应收账款的账期，维护企业资金安全；分析市场信息，为确定企业产能和进行产品研发提供依据。

企业的利润是销售收入带来的，销售实现是企业生存和发展的关键。为此，销售总监应结合市场预测及客户需求制订销售计划，运用丰富的营销策略，控制营销成本，取得与企业生产能力相匹配的客户订单，并与生产部门做好沟通，保证按时交货给客户，监督货款的回收，进行客户关系管理。

4）生产总监

生产总监是企业生产部门的核心人物，对企业的一切生产活动进行管理，并对企业的一切生产活动及产品负最终的责任。生产总监既是生产计划的制订者和决策者，又是生产过程的监控者，生产总监通过计划、组织、指挥和控制等手段实现企业资源的优化配置，为企业创造经济效益。

在本实训中，生产总监参与制定企业经营战略，负责指挥生产过程，选购、安装、维护、冻结、变卖生产设备等工作，进而权衡利弊，优化生产线组合，保证企业产能。通常来说，生产能力是影响企业发展的重要因素，因此生产总监要有计划地提高生产能力，以满足市场竞争的需要；同时要提供不同时间节点的产能数据，为企业决策和运行提供依据。

5）采购总监

采购是企业开展生产的首要环节。采购总监的职责包括：各种原料的及时采购和安全管理，从而确保企业生产的正常进行；编制并实施采购供应计划，分析各种物资供应渠道的优劣及市场供求变化情况，力求在价格和质量上把好第一关，为企业生产做好后勤保障；进行供应商管理；进行原料库存的数据统计与分析。

在本实训中，采购总监负责依据生产计划制订采购计划、与供应商签订供货合同、按期采购原料并向供应商付款、管理原料库（注意原料的保质期）等具体工作，以确保在合适的时间采购合适的品种及数量的原料，保证正常生产。

1.1.3 关于企业生存与破产

企业在市场上生存下来的基本条件包括：一是以收抵支；二是到期还债。

如果企业出现以下两种情况，就将宣告破产：

（1）资不抵债。当企业取得的收入不足以弥补支出时，所有者权益就会为负，企业就会破产。

（2）现金断流。当企业无力偿还到期的负债时，企业也会破产。

1.2　认识所要经营的企业

1.2.1　市场前景与股东期望

约创制造有限公司是一家刚刚成立的生产 P 系列产品的民营企业。最近，一家权威机构对该行业的发展前景进行了预测，认为 P 系列产品有较好的发展前景。为了使公司在未来几年能够跻身行业领先地位，公司股东大会决定聘用一批优秀的年轻人来管理公司，并希望新管理层能够做到：

（1）投资新产品的开发，使公司的市场地位得到进一步提高；

（2）开拓已有市场以外的其他新市场，进一步拓展市场领域；

（3）扩大生产规模，采用现代化生产手段，获取更多的利润。

1.2.2　公司发展现状

目前，约创制造有限公司已经开发了本地市场和区域市场。公司现金 600 万元，股东权益 600 万元（此处以实训时具体采用的规则为准）。

新管理团队成员将分别担任总经理、财务总监、销售总监、生产总监和采购总监。请运用你们所学的知识，根据公司现状及未来市场预测去经营自己的公司吧，相信你们能够在未来几年闯出属于自己的一片天地！

1.3　约创云平台操作指导

约创云平台登录网址为 www.staoedu.com，也可以根据各学校提供的网址进行登录。

注意：登录时建议使用谷歌浏览器或火狐浏览器，使用 360 浏览器时应设置成极速模式。

每年的操作可分为三个部分，即年初、年中、年末，请按照时间顺序进行。

1.3.1　年初

1）投放广告

在年初会有 5 分钟的时间进行促销广告的投放。投放广告需要花费总经理的钱，如果总经理没有现金，则无法投放广告。

投放广告的流程如下："订货会"→"选单"→"投放广告"。

投放广告相关操作如图 1-1 至图 1-3 所示。

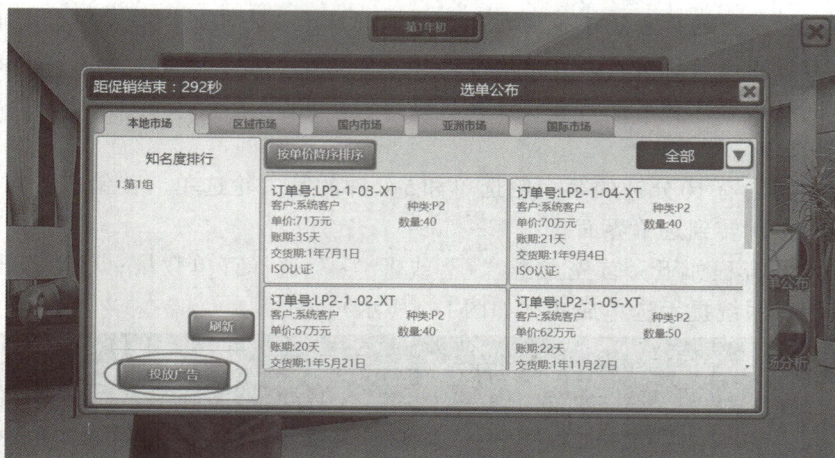

图1-1　投放广告（1）

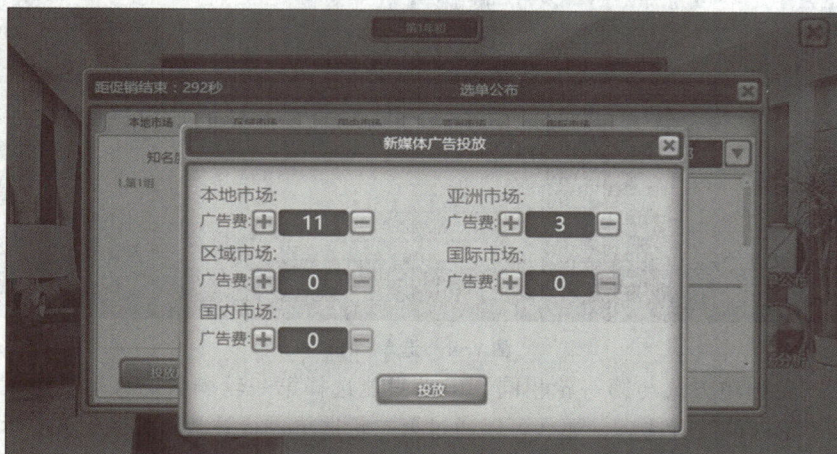

图1-2　投放广告（2）

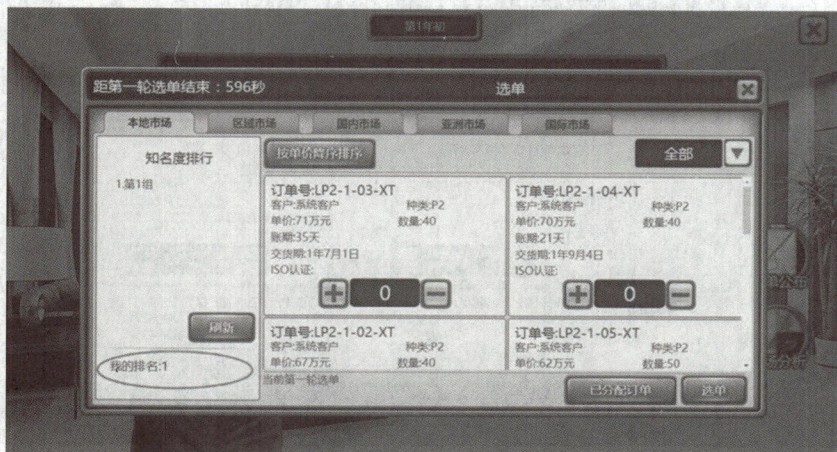

图1-3　投放广告（3）

注意：投放的广告属于市场广告，不是针对单一产品的广告，即本地市场投放广告后该市场的所有产品订单均可选择。促销广告结束后会生成选单排名，最终排名是根据企业知名度的量化计算值得出的。

2）选单

在年初会有 10 分钟的第一轮选单和 5 分钟的第二轮选单。促销广告结束后，系统会直接跳转到选单界面。

选单的流程如下：首先点击"+"或者"−"选择订单数量；然后点击"选单"按钮，系统提示选单成功（如图 1-4 所示）。

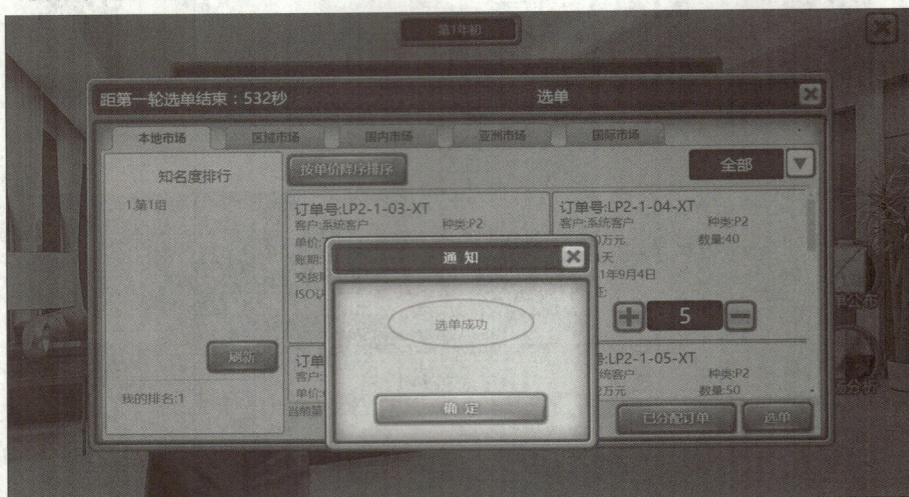

图 1-4　选单（1）

第二轮选单方式与第一轮相同，但是只能选择第一轮剩余的订单。也就是说，如果第一轮订单没有选满，那么可以通过第二轮选单进行补救（如图 1-5 所示）。

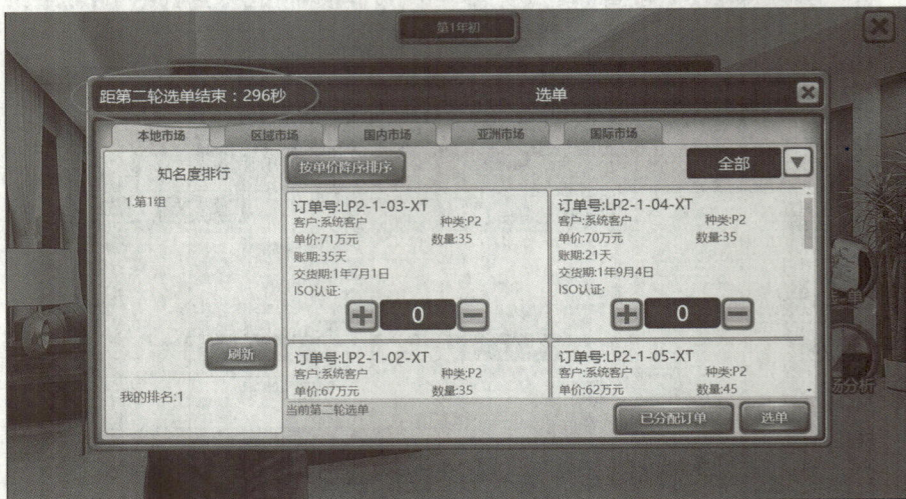

图 1-5　选单（2）

　　注意：各组可以通过点击"已分配订单"按钮查看自己获取的订单。如果当前轮数选择的订单数量过多或者过少，可以继续点击"+"或"−"，然后点击"选单"按钮重新确认最终订单，实际选单数量以最后一次点击"选单"按钮为准。如果第一轮已经结束，则第一轮获取的订单将无法修改。订单按照排名先后进行分配，即优先满足排名靠前组的需求。

　　选单结果公布如图1-6所示。

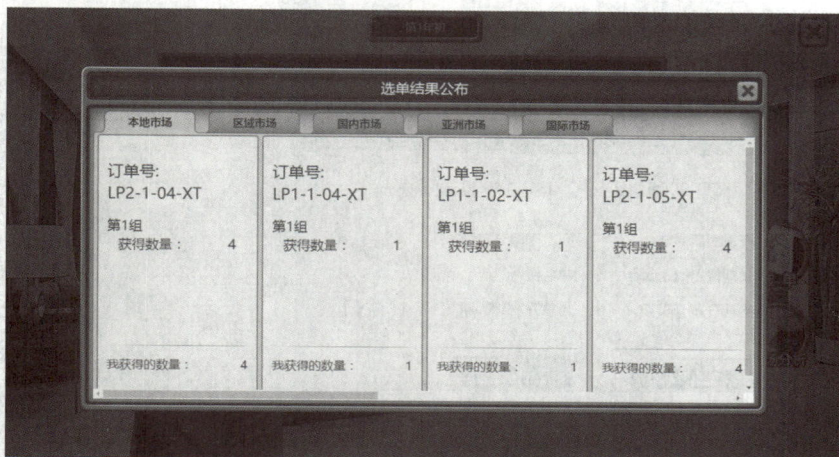

图1-6　选单结果公布

3）市场准入

　　在年初共20分钟的投放广告和选单时间段内，可以进行市场准入（即开拓市场）操作。开拓市场需要花费总经理的钱，如果总经理没有现金，则无法开拓市场。

　　市场准入的流程如下："公司大厦"→"总经理办公室"→"资质开发"→"市场准入"。

　　市场准入相关操作如图1-7所示。

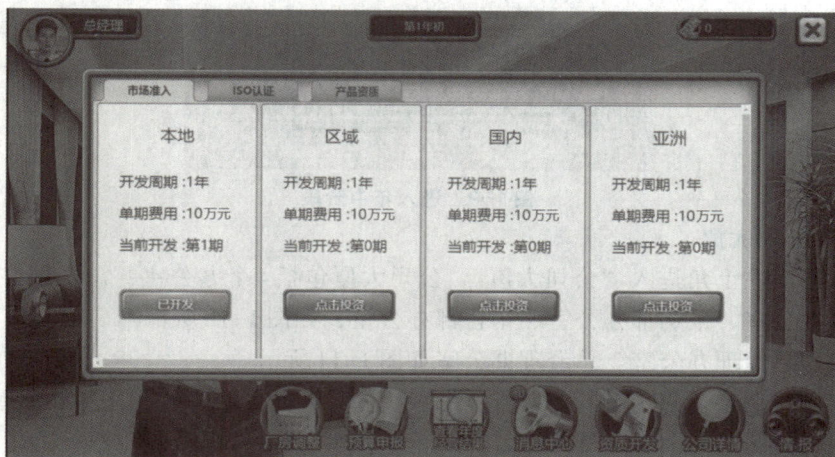

图1-7　市场准入

注意：市场准入投资结束后，可以选择具备相应资质的订单。

4）ISO认证

在年初共20分钟的投放广告和选单时间段内，可以进行ISO认证操作。ISO认证需要花费总经理的钱，如果总经理没有现金，则无法进行ISO认证。

ISO认证的流程如下："公司大厦"→"总经理办公室"→"资质开发"→"ISO认证"。

ISO认证如图1-8所示。

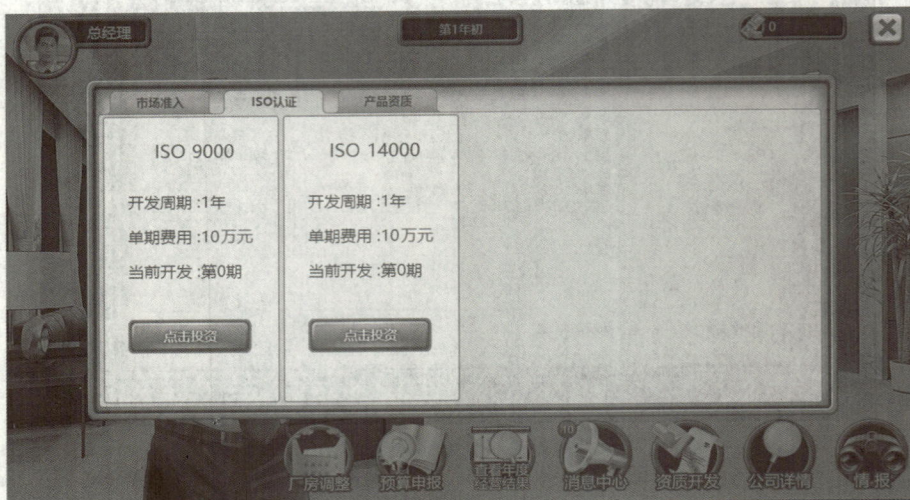

图1-8　ISO认证

注意：ISO认证投资结束后，可以选择具备相应认证的订单。

1.3.2　年中

当日期显示为×年×月×日时，表示进入年中阶段，如图1-9所示。

图1-9　进入年中阶段

1）公司大厦

从界面左上角进入"公司大厦"，公司大厦包括4个办公室：总经理办公室、财务部办公室、采购部办公室、销售部办公室，如图1-10所示。

（1）总经理办公室。总经理办公室如图1-11所示。

①厂房调整。点击"厂房调整"，可以对厂房进行购买、租用、出售或者转租操作，如图1-12所示。

图 1-10　公司大厦

图 1-11　总经理办公室

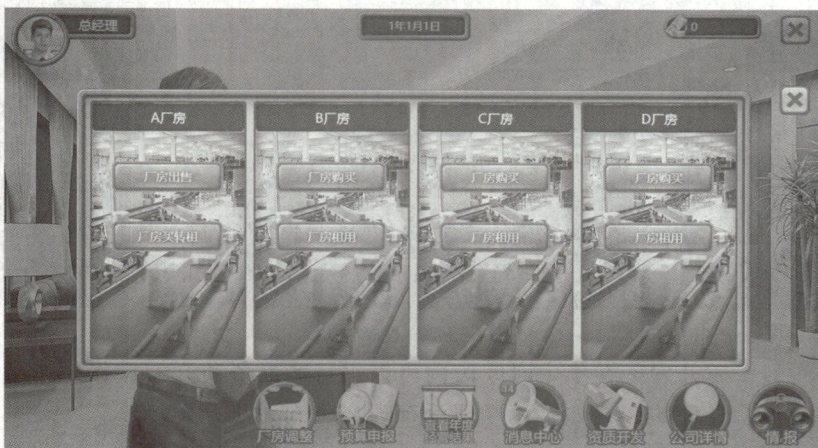

图 1-12　厂房调整

注意：租用厂房无法进行租转买。

②预算申报。预算申报是各个岗位从财务部获取资金的唯一方法，如图1-13所示。

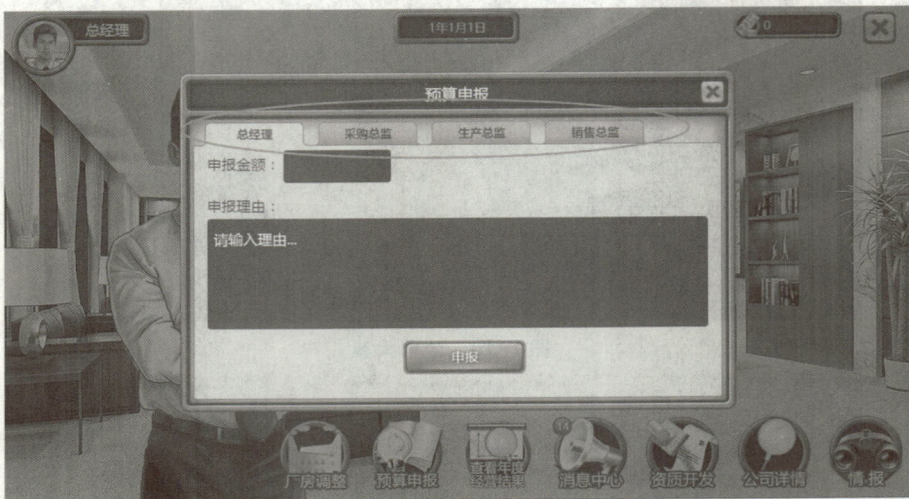

图1-13　预算申报

注意：在预算申报时，需要选择自己当前的岗位，并输入申报金额及申报理由，财务部审批通过后即可获取资金。

③消息中心。消息中心可以查看所有岗位的资金运作情况，如图1-14所示。

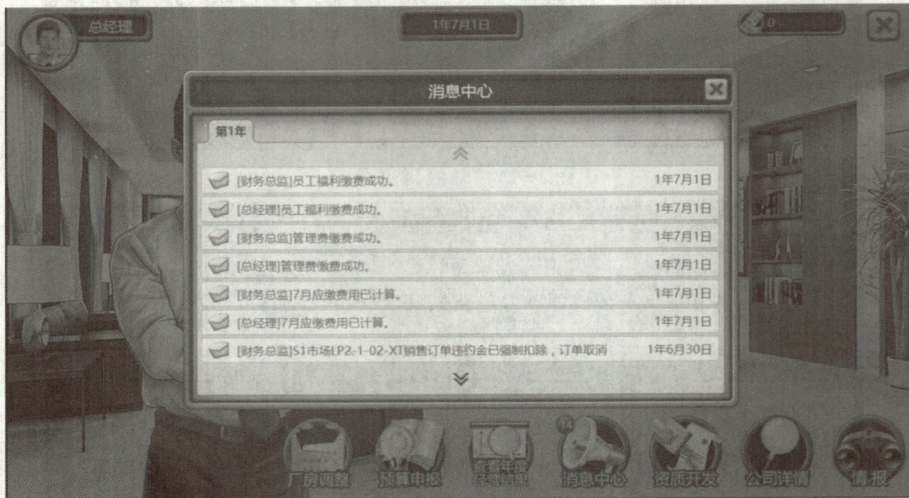

图1-14　消息中心

④产品资质开发。在年中时间段内可以进行产品资质开发操作。产品资质开发需要花费总经理的钱，如果总经理没有现金，则无法开发。

产品资质开发的流程如下："公司大厦"→"总经理办公室"→"资质开发"→"产品资质"。

产品资质开发如图1-15所示。

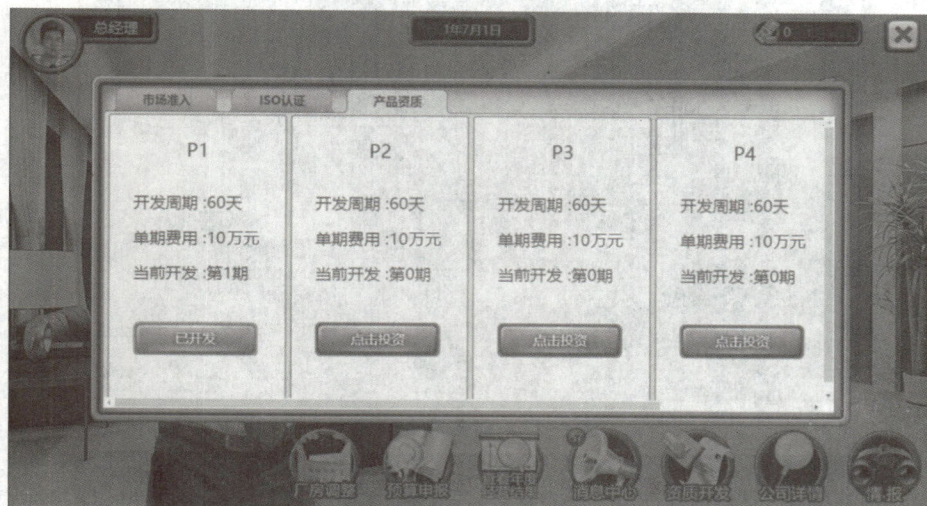

图1-15　产品资质开发

注意：到期需要手动进行下个周期的开发。

⑤公司详情。点击"公司详情"，可以查看公司当前的情况，如资金状况、产品库存、原料库存、厂房状况、生产线状况、资质状况等，如图1-16所示。

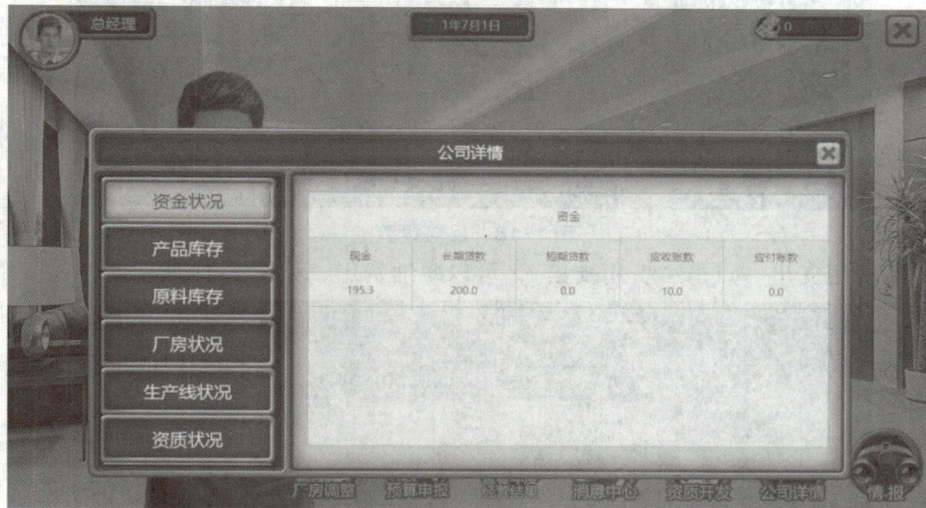

图1-16　公司详情

⑥情报。点击"情报"，可以通过花费资金对其他组进行间谍活动，即可以看到其他组1个月内的经营情况。

（2）财务部办公室。财务部办公室如图1-17所示。

①反向拨款。如果某个岗位资金过多，则可以进行资金的反向调拨，即将该岗位资金拨回财务部，如图1-18所示。

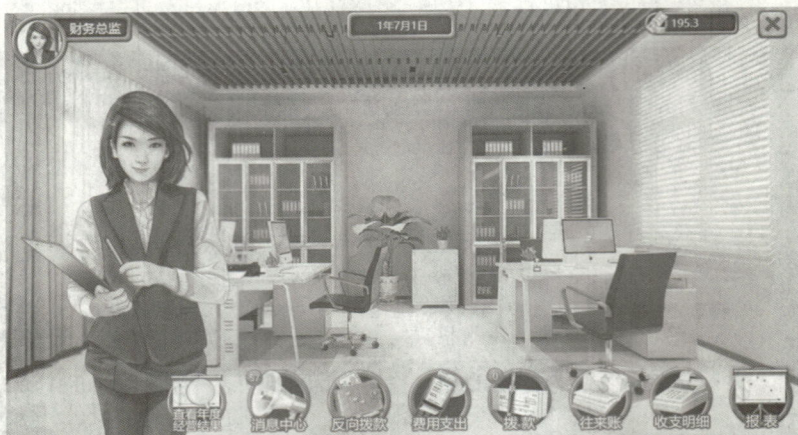

图1-17　财务部办公室

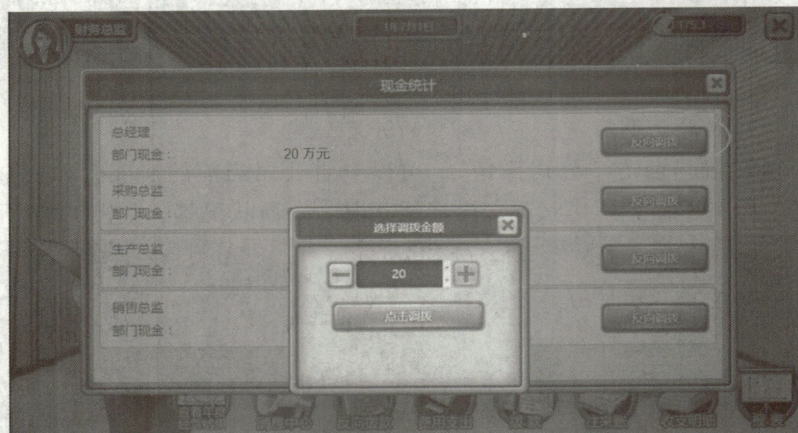

图1-18　反向拨款

②费用支出。点击"费用支出",可以缴纳费用,如图1-19所示。

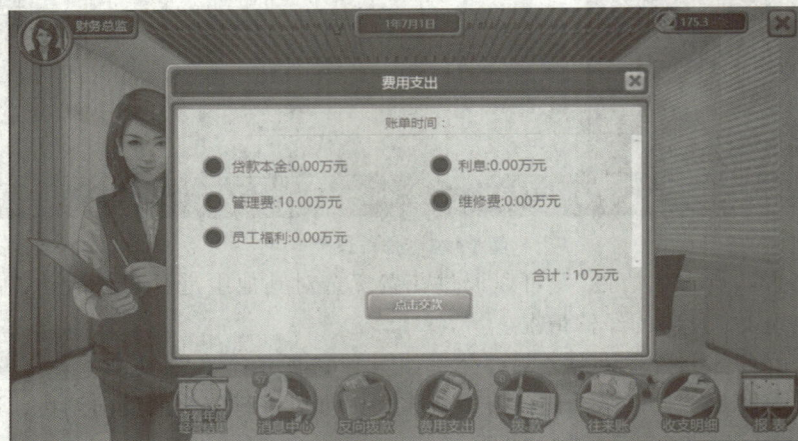

图1-19　费用支出

注意：各项应缴费用由系统计算生成，当月1日到30日都可以进行费用支出操作。

③拨款。当某岗位进行预算申报时，财务部可以通过点击"拨款"进行"批准"或者"驳回"操作，如图1-20所示。

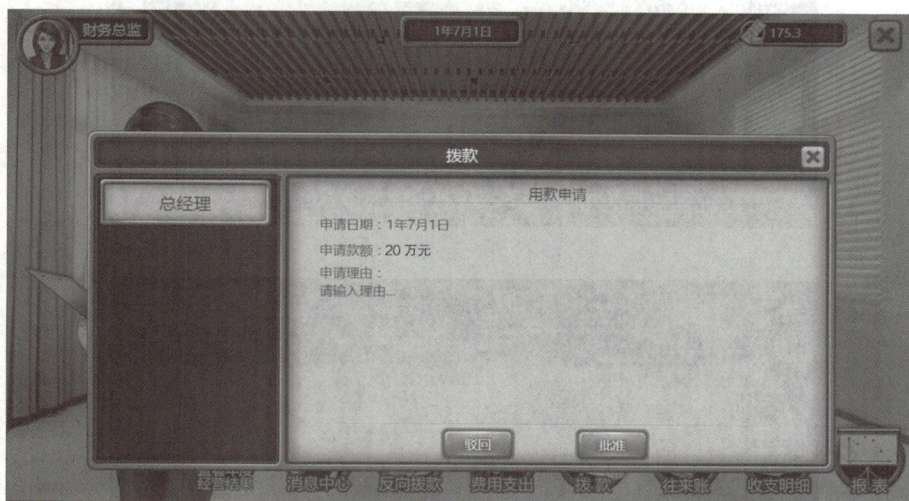

图1-20 拨款

注意：如果某岗位的预算申报财务部没有进行"批准"或者"驳回"操作，则该岗位无法进行二次申报。

④往来账。点击"往来账"，可以对应收款进行"收款"或"贴现"操作，如图1-21所示。

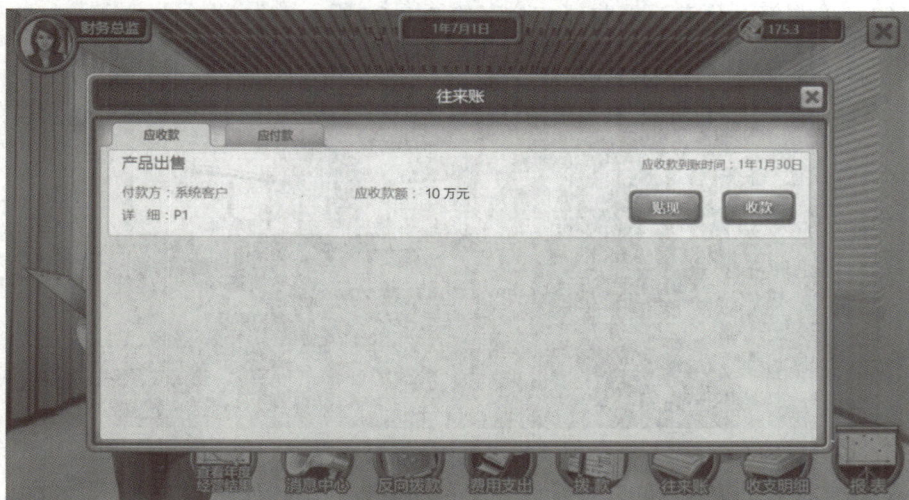

图1-21 往来账

⑤收支明细。点击"收支明细"，可以查看"收支明细"和"贷款明细"，包括所有岗位各项资金的流向和贷款的时间、金额及利息等，如图1-22和图1-23所示。

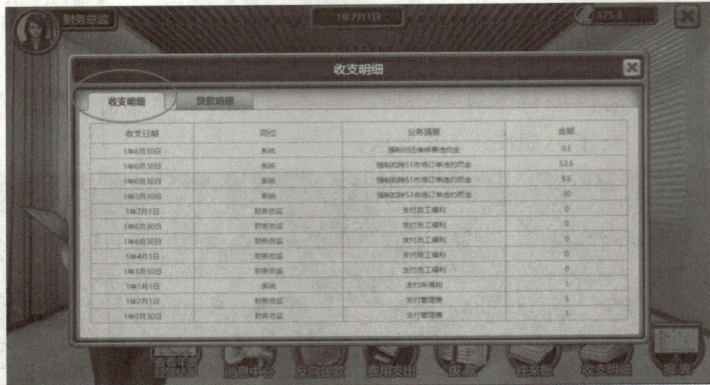

图 1-22　收支明细

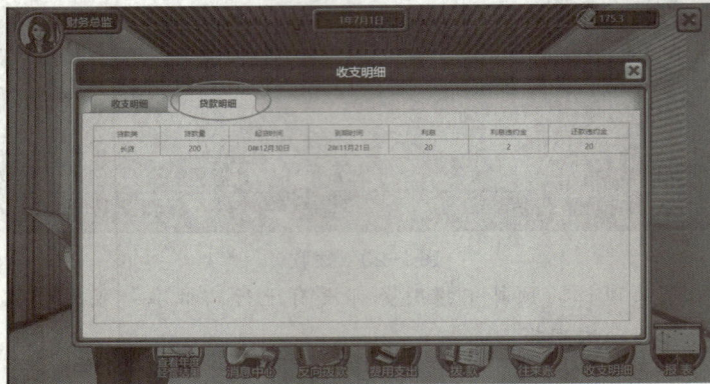

图 1-23　贷款明细

（3）采购部办公室。采购部办公室如图 1-24 所示。

图 1-24　采购部办公室

点击"仓库订单"，可以查看原料库存和原料订单，如图 1-25 所示。

（4）销售部办公室。销售部办公室如图 1-26 所示。

点击"仓库订单"，可以查看产品库存和详细订单，以及进行交货操作，如图 1-27 所示。

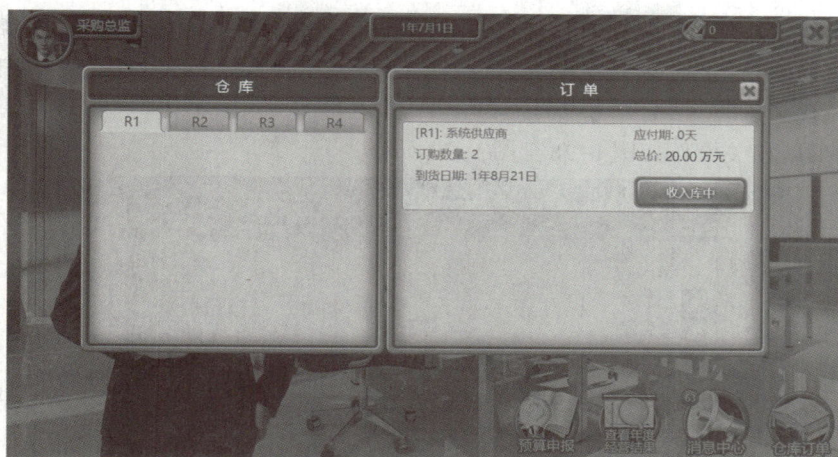

图 1-25　仓库订单

图 1-26　销售部办公室

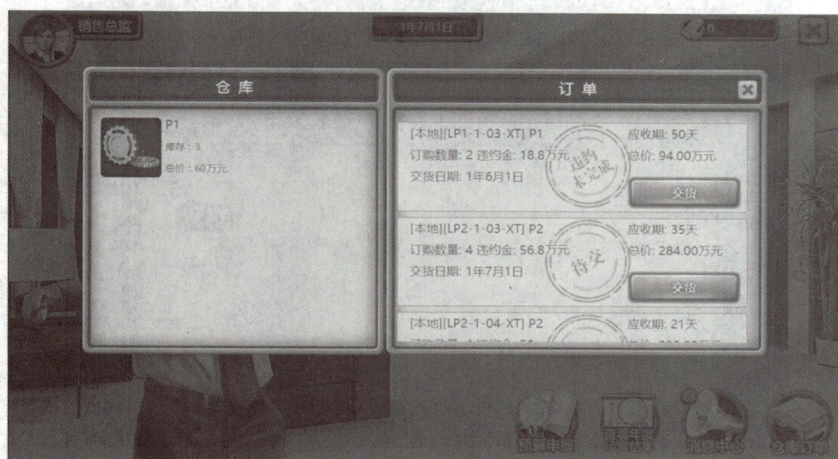

图 1-27　仓库订单

注意：订单交货分为五种情况，即"待交""完成""违约未完成""违约已交""违约取消"。

2）代工厂

代工厂相关操作如图1-28至图1-30所示。

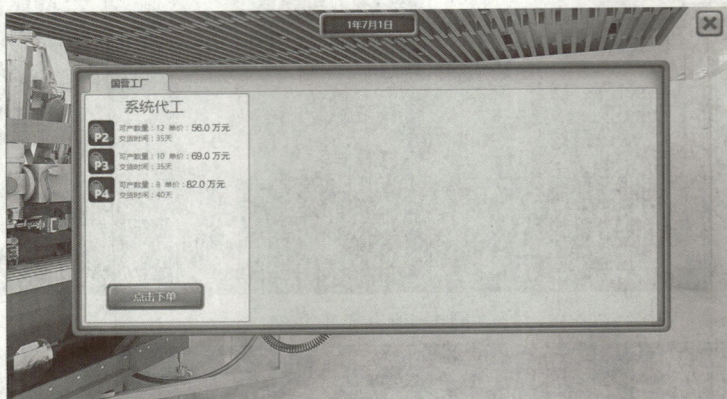

图1-28 代工厂（1）

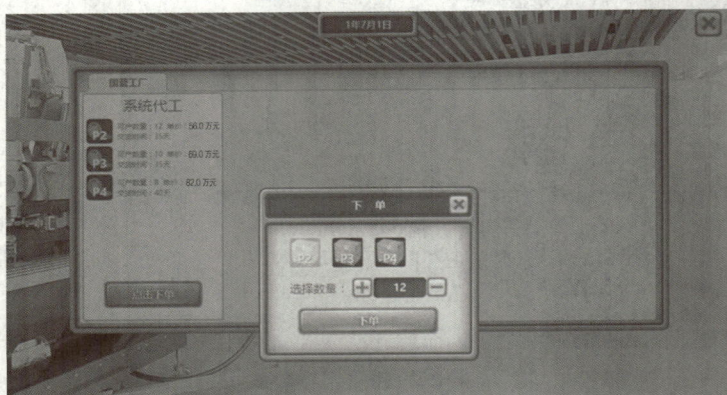

图1-29 代工厂（2）

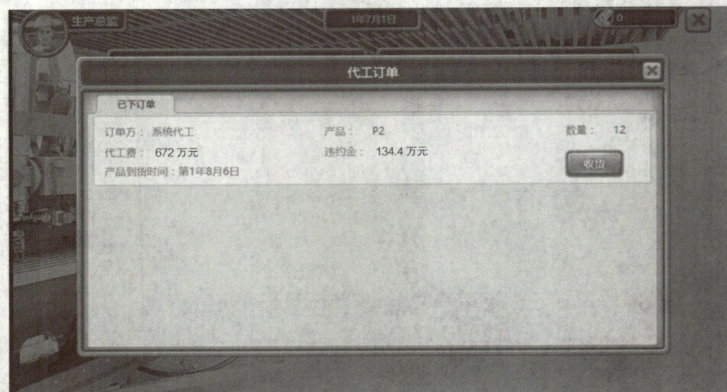

图1-30 代工厂（3）

注意：代工厂生产不需要原料、资质和工人，在收货时交付代工费即可。

代工厂数量为当前市场所有组可用数量，如1组已代工12个P2，则2组可代工P2数量为0。

代工厂数量每个季度1日（即1月1日、4月1日、7月1日、10月1日）会自动刷新。

代加工订单查看流程如下："生产车间"→"厂房"→"代工订单"。

收货扣款需要使用"生产总监"的资金。

3）生产车间

生产车间相关操作如图1-31和图1-32所示。

图1-31　生产车间（1）

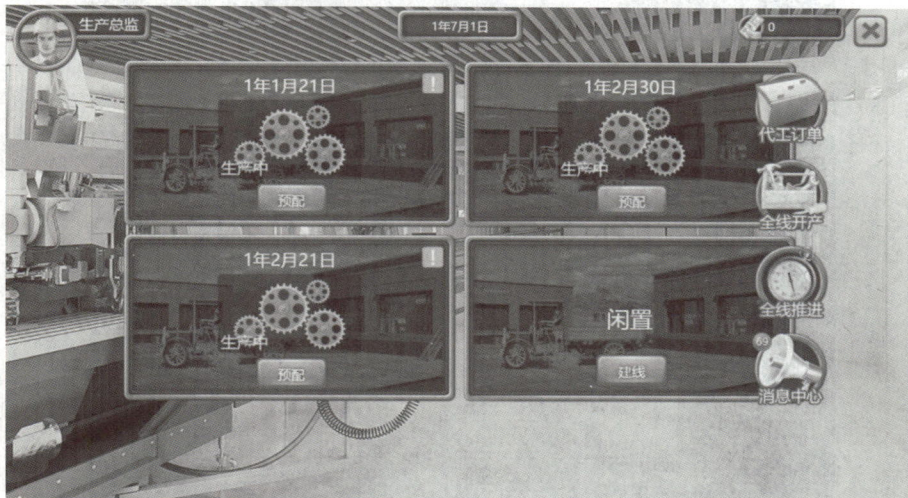

图1-32　生产车间（2）

（1）生产明细。生产明细如图1-33所示。

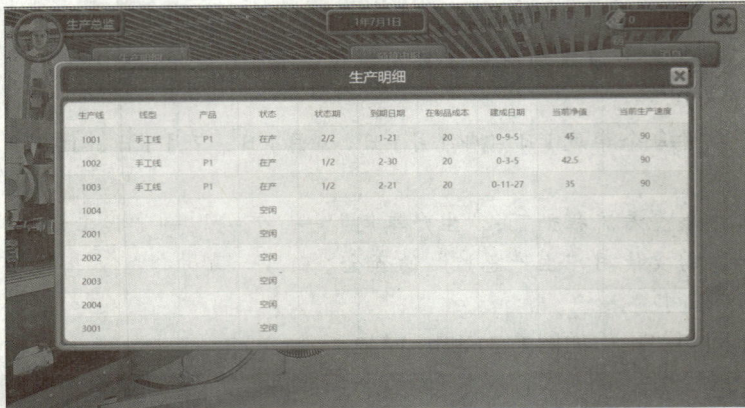

图 1-33　生产明细

（2）全线推进。当生产线在建、转产、技改时，可以进行全线推进操作，如图 1-34 所示。

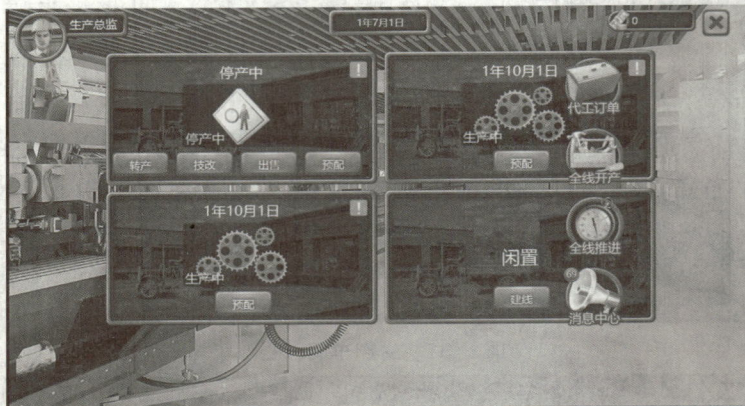

图 1-34　全线推进

（3）预配。预配如图 1-35 所示。

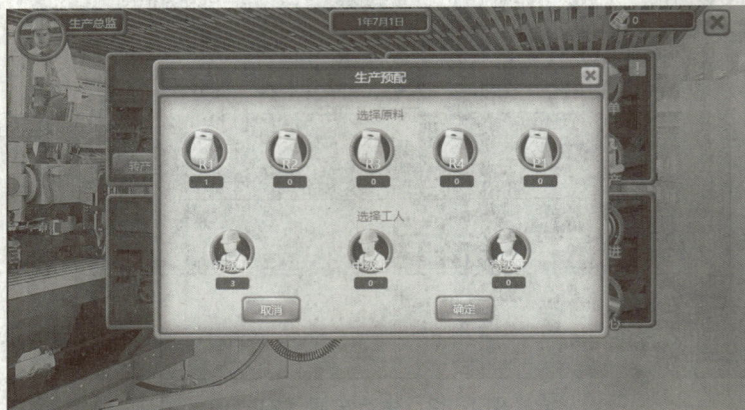

图 1-35　预配

注意：预配后跨年没有生产，原料和工人会在年末自动清空。

（4）转产。转产即对生产线产品的类型进行转变，如图1-36所示。

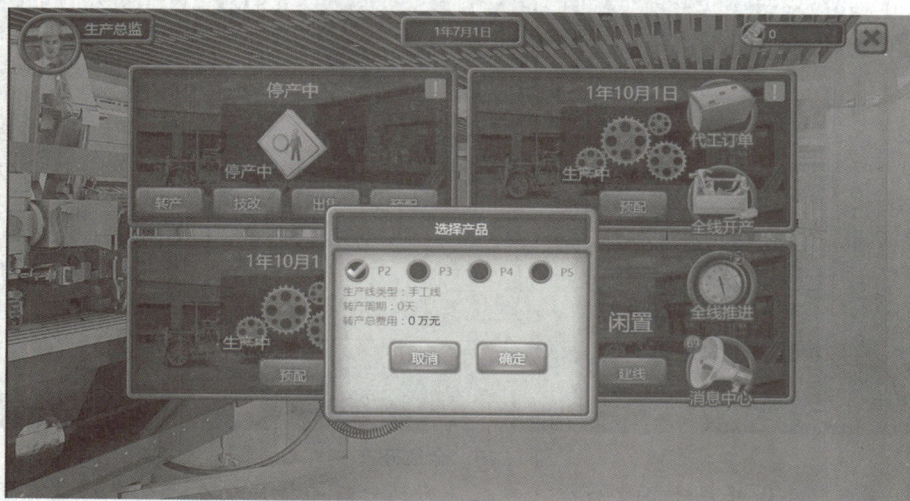

图1-36 转产

注意：只有当生产线处于停产状态时，才可以进行转产操作。

（5）技改。技改可以缩短当前生产线的生产周期，如图1-37所示。

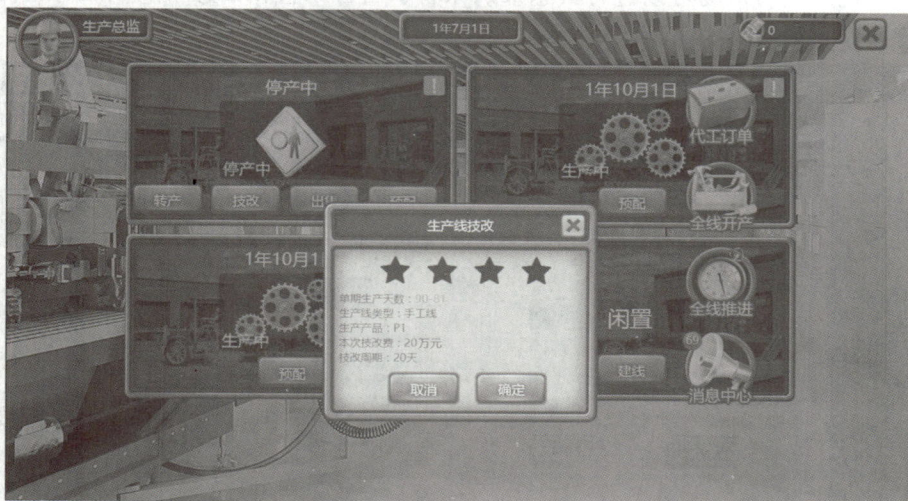

图1-37 技改

注意：技改效果是永久的。

只有当生产线处于停产状态时，才可以进行技改操作。

技改次数有限制，不允许一直技改下去。

技改缩短的时间是原时间的10%。

（6）全线开产。全线开产即使处于停产或者待产状态的生产线进行生产操作，如图1-38所示。

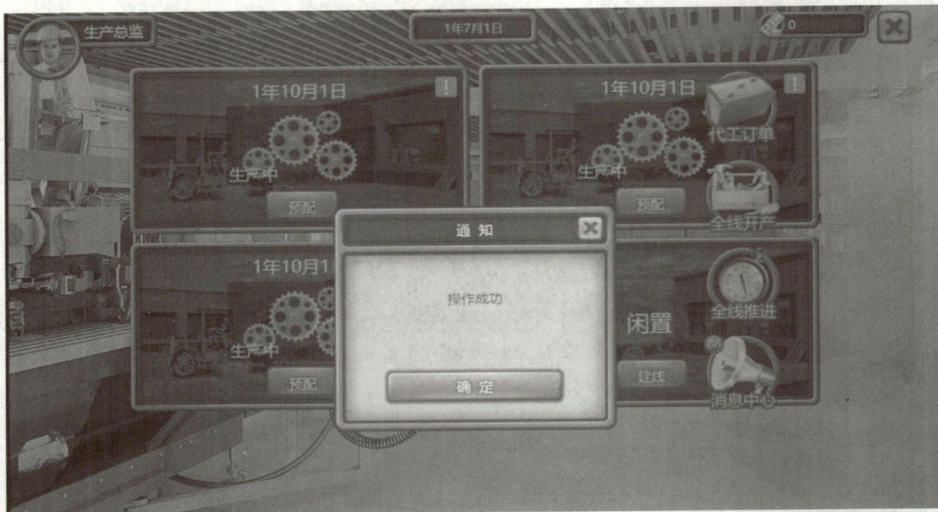

图 1-38　全线开产

注意：全线开产的条件为生产线必须为预配后的待产状态，生产总监有资金支付加工费。如果不想进行生产，则首先要对生产线进行冻结操作。

4）现货交易市场

在现货交易市场可以进行紧急采购原料、出售原料和紧急采购成品、出售成品等操作，如图 1-39 所示。

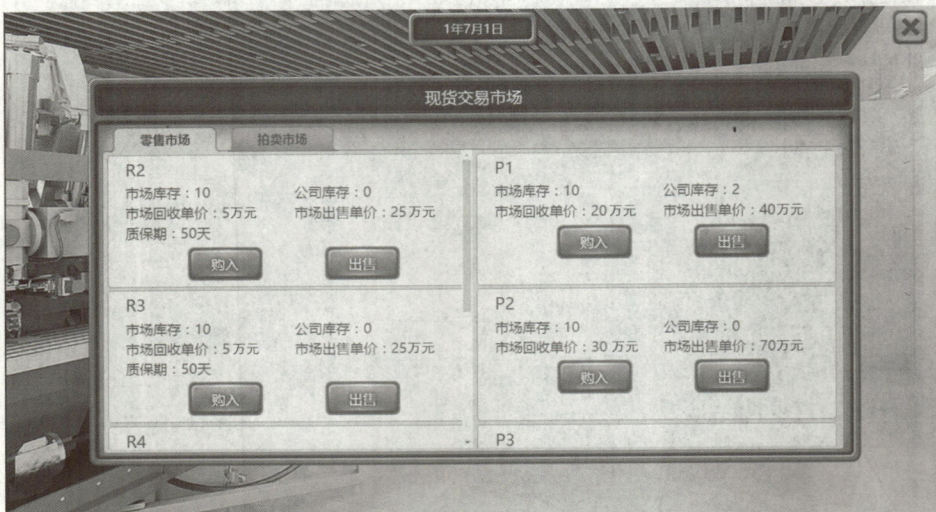

图 1-39　现货交易市场

注意：原料的购入需要花费采购总监的资金，产品的购入需要花费销售总监的资金。

5）战略市场大厦

在战略市场大厦可以进行战略广告投放，以及对不同广告份额影响到之后年份的知名度进行排行等操作，如图1-40所示。

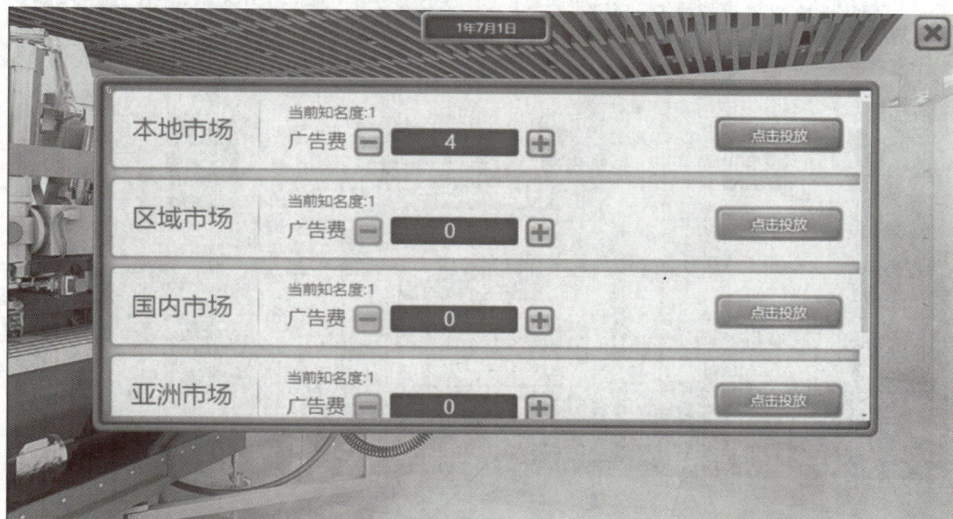

图1-40　战略市场大厦

注意：投放战略广告需要花费总经理的钱，如果总经理没有现金，则无法投放战略广告。战略广告份额按照60%、30%、10%影响第二年、第三年、第四年的知名度。

6）银行

在银行可以进行贷款操作，如图1-41所示。

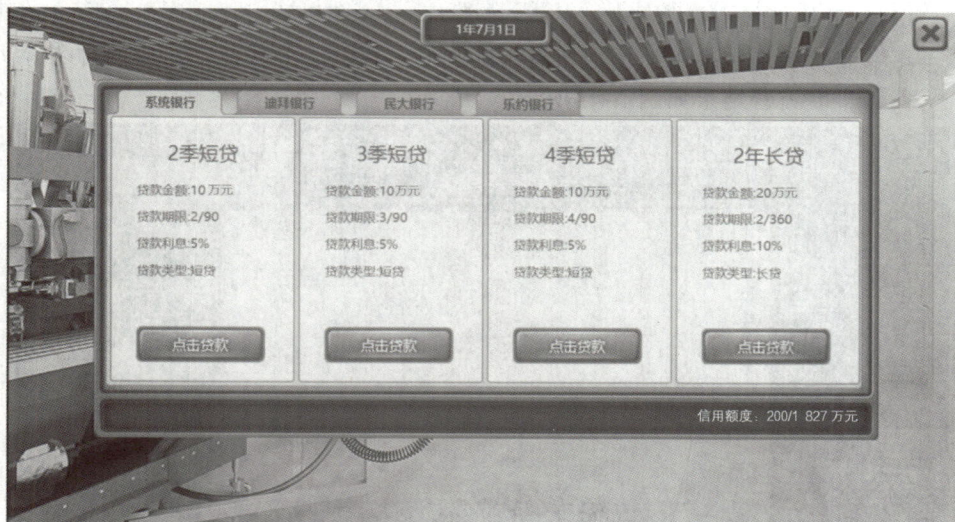

图1-41　银行

7）原料订货大厦

原料订货大厦如图1-42所示。

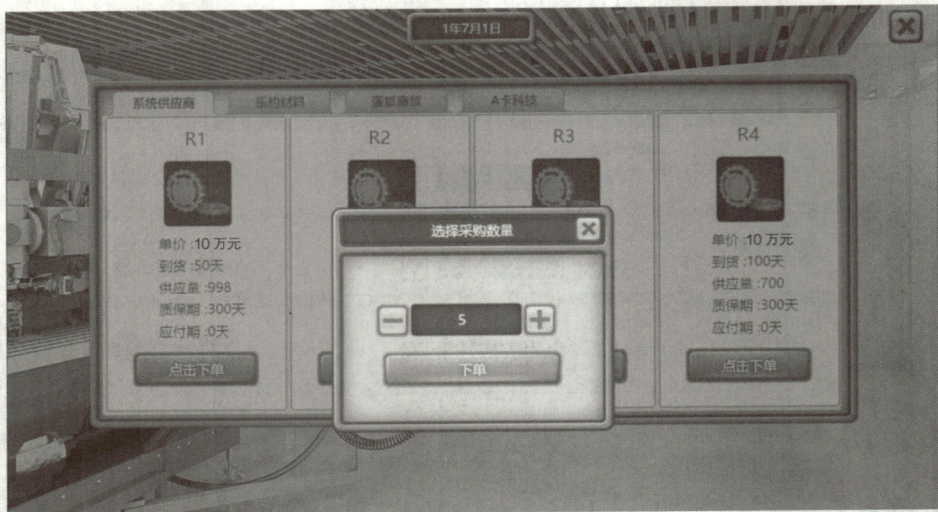

图1-42　原料订货大厦

注意：供应量为当前市场上所有组数的供应量，按年刷新。

原料有质保期，过期后由系统自动收回。

原料订单在"采购部办公室"→"仓库订单"中查看。

1.3.3　年末

年末可以计算填写报表和整理下一年度规划。

1）年度经营结果

年度经营结果包括当前场地所有组的利润、权益、分数及其对应的排名等。

查看年度经营结果如图1-43所示。

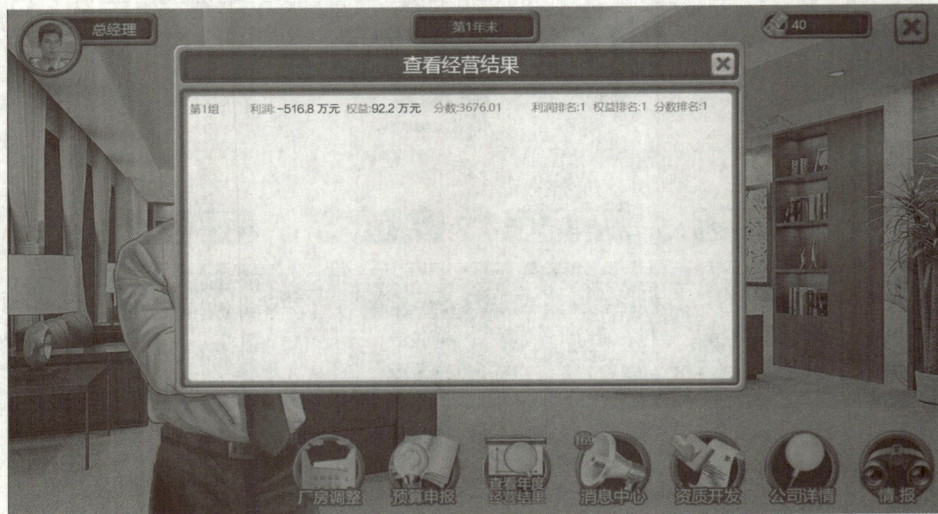

图1-43　查看年度经营结果

注意：总经理办公室、财务部办公室、采购部办公室、销售部办公室均可查看年度经营结果。

2）财务报表

在财务部办公室点击"报表"，即可进行报表的填写和提交。

财务报表如图1-44所示。

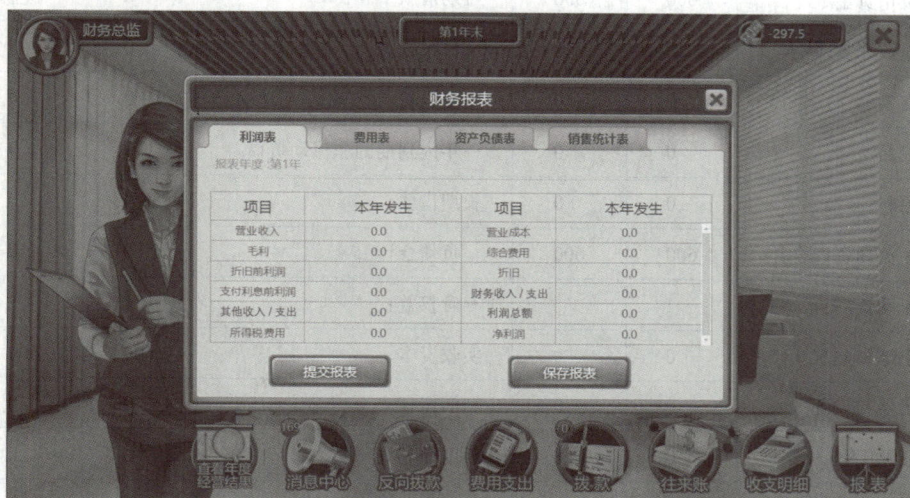

图1-44　财务报表

1.4　模拟企业运行规则

本实训将内外部环境抽象为一系列规则。约创云平台预装了不同的规则供实训选用，你也可以自己创建规则。下面我们将介绍一个典型的6年运行规则（第十五届全国大学生创新创业沙盘模拟经营大赛（辽宁赛区）运行规则），另外在书后附录里介绍一个典型的4年运行规则（第十六届全国大学生创新创业沙盘模拟经营大赛（辽宁赛区）精英争霸赛运行规则）。

注意：实训时，以具体采用的规则为准。

公司详情见表1-1。

表1-1　　　　　　　　　　　　　公司详情

项　　目	目前状况
市场资质	本地市场：已开发完成 区域市场：已开发完成
现金	600万元

公司资产负债表见表1-2。

表 1-2 **公司资产负债表** 单位：万元

资产	期末余额	上年年末余额	负债和所有者权益	期末余额	上年年末余额
流动资产：			负债：		
货币资金	600	600	短期借款	0	0
应收账款	0	0	应付账款	0	0
在制品	0	0	应交税费	0	0
成品	0	0	一年内到期的非流动负债	0	0
原料	0	0	长期借款	0	0
流动资产合计	600	600	负债合计	0	0
非流动资产：			所有者权益：		
土地和建筑	0	0	实收资本	600	600
机器与设备	0	0	利润留存	0	0
在建工程	0	0	年度净利润	0	0
非流动资产合计	0	0	所有者权益合计	600	600
资产总计	600	600	负债和所有者权益总计	600	600

1.4.1 通用规则

1.4.1.1 比赛相关说明（重要）

根据本场比赛的赛程及场地安排，请参赛人员认真阅读下列说明：

（1）比赛暂停：比赛过程中，一旦出现网络、电脑问题等导致比赛无法进行的情况，选手可举手提示，经裁判确认后，由技术裁判暂停本场比赛。比赛暂停时，所有参赛队的虚拟时间冻结在每队的当前日期，不能推进日期。

每阶段最后30秒内发生的故障，技术上不予暂停。

①因网络问题造成的故障，裁判有权暂停比赛，在排除故障后，继续本场比赛。

②因选手电脑问题造成的故障（如重启、卡死等），裁判有权暂停比赛，在等待1分钟后，无论选手是否排除电脑故障，均继续本场比赛。

③因选手电脑、网络不佳造成的卡顿，裁判不予暂停比赛。选手在每次操作后、系统反馈前，应避免产生不可取消的订单。若长时间没有反馈，可尝试刷新页面。

（2）电脑系统建议：电脑分辨率应在 1 400×900 以上，避免因分辨率过低而出现表单无法填写的情况。如果遇到该问题，请使用 ctrl+鼠标滚轮来调整浏览器内容。

（3）若电脑无法连接网线，选手应自行携带网线转接口。

（4）选手应自行安装录屏软件，并在比赛前开启。若录屏软件未安装或未开启，则出现争议时，参赛队必须无条件接受裁决结果。

（5）本次比赛不开放代工厂和拍卖功能。

（6）为了维护比赛公平竞争的环境，以下情况将被认定为恶意竞争行为：

①比赛期间，公司当年所获取的销售订单总量超过本公司当年最大产能的2倍且超过75%都违约，在本年中发生违约取消的订单，本年中有同区域参赛队投诉的（投诉时间仅限当年），经大赛裁判组仲裁后认定为恶意竞争行为。

②比赛期间，一次订购了某一季度的全部原料，或一次订购原料总数超过该公司全年生产需求的1.5倍，不论是否进行收货操作，都可认定为恶意竞争行为。

被判定为恶意竞争行为后，该参赛队将被取消比赛资格并清退离场；赛后，大赛组委会将书面通报学校，投诉仅限当年有效。

1.4.1.2　比赛经营年数及每年运行时间

比赛经营年数：6年。

每年分年初、年中、年末三个阶段运行。

- 年初时段：20分钟。
- 年中时段：60分钟。
- 年末时段：10分钟。

每年各阶段经营功能的时间分配见表1-3。

表1-3　　　　　　　　每年各阶段经营功能的时间分配

经营功能	运行启动	年初阶段	年中阶段	年末阶段
促销及计划	裁判手动	5分钟	×	×
第一次申报订单	自动	10分钟	×	×
第二次申报订单	自动	5分钟	×	×
第一季度	裁判手动	×	15分钟	×
第二季度	裁判手动	×	15分钟	×
第三季度	裁判手动	×	15分钟	×
第四季度	裁判手动	×	15分钟	×
商业情报收集+报表审核上报	裁判手动	×	×	10分钟

其中：×表示"经营功能"在本阶段禁止使用。每阶段的时间表示"经营功能"允许操作的时间，超过这个时间，该功能自动关闭。

1.4.1.3 年初时段运行操作规则

1）年初时段任务清单

年初时段任务清单见表1-4。

表1-4 年初时段任务清单

任务清单	岗 位	促销及计划 （5分钟）	第一次申报订单 （10分钟）	第二次申报订单 （5分钟）
投放促销广告	总经理	√	×	×
市场资质（ISO） 投资	总经理	√	√	√
申请销售订单	全岗	×	√	√
贴现	财务总监	√	√	√
预算费用申报	全岗	√	√	√

2）促销及计划操作规则

投放促销广告的目的是提升该市场中本公司的知名度排名，订单按照参赛队的"企业知名度"排名顺序进行分配（关于企业知名度的具体说明见1.4.1.7）。"企业知名度"排名靠前的参赛队，更容易获得申报的产品数量。

投放促销广告只能在表1-4规定的时间内进行。

促销广告分市场投放，每个市场投放的广告只影响本市场当年的企业知名度排名。

3）第一次申报订单操作规则

（1）订单申报。

①在规定时间内，各队同时进行订单申报，互不冲突。选单结束后，系统将根据各队的"企业知名度"排名，确定各队实际分到的订单。

②选手以队为单位进行订单申报，可同时进行所有市场、产品的订单申报，即选择一张订单，填写需要获取的产品数量，然后点击"申报"按钮提交申请，申请产品的数量将显示在订单表的"申报详情"栏中。

③所有岗位都可以进行任何市场的订单申报，实际申报数量以最后一次点击"申报"按钮为准。

（2）订单分配。

①每张订单按照申请队伍的企业知名度排名依次进行分配。

②当申请某订单产品的数量小于该订单剩余产品数量时，按照申请的数量全额分配。

③当申请某订单产品的数量大于该订单剩余产品数量时，按照该订单剩余产品数量分配。

④当某订单剩余产品数量为0时，该订单分配完成，还没排到的参赛队将不

能获得该订单产品。

（3）相同知名度排名时的订单分配。如果两家以上参赛队的企业知名度排名相同且申请了同一张订单，本着平等分配的原则，按照下述方法进行分配：

①最小申请量平均分配法：取申请该订单排名相同的公司总数 S0，和相同排名各队中最小申请数量 P0，计算 M0=P0×S0。如果 M0 小于订单剩余产品数量（即订单剩余产品数量足够让各公司都获得 P0 个产品），则排名相同的各公司将分配到 P0 数量的产品；如果 M0 大于订单剩余产品数量（即订单剩余产品数量不够按照 P0 平均分配），则执行按公司数平均分配法。

②按公司数平均分配法：取剩余公司数 S0 和订单剩余产品数量 U0 进行比较，当 U0 大于等于 S0 时，计算 M1=U0÷S0 取整，按照 M1 的取整值将订单产品分配给每个剩余公司；当 U0 小于 S0（即订单剩余产品数量不够剩余公司平均分到 1 个）时，本次分配结束，剩余产品将进入下个排名的分配。

4）第二次申报订单操作规则

（1）第一次未分配完的订单在第二次申报时显示，已经分配完的订单不再出现在可选订单中。

（2）第二次申报订单的操作与第一次申报订单相同。第二次申报时间结束后，系统自动进行第二次分配。

1.4.1.4 年中时段运行操作规则

（1）年中运行的虚拟时间为 1 年（4 个季度）。1 年为 12 个月，每 3 个月为 1 季（每季为 1 个阶段），每月为 30 天。每个季度运行时间为现实时间 15 分钟。

（2）年中每个季度（阶段）中，各队可进行日期自选。

①每月：各队可自主在一个月内选择经营日期进行操作（如 1 月 1 日）。允许跳选日期操作，但只能向前跳选，禁止回退。

②每季度：在一个季度中，各队可自行结束每月操作，进入下月的日期操作（如 1 月 1 日结束，进入 2 月 1 日操作）。但在每季度最后一个月，只能等待统一的季度结束时间，不能自主跳至下一个季度。

③季度结束：设定的季度运行时间结束后，系统将自动结束本季度，所有未完成的操作，都将自动跳转至本季度结束状态。

（3）跳过的日期中如果存在没有完成的操作，系统会自动根据选定的日期判断跳过的操作是否违约。例如，从 3 月 1 日跳到 3 月 10 日，中间的 3 月 5 日有原料到货的操作未执行，则跳到 3 月 10 日时，系统会自动判定 3 月 5 日应到货的采购订单为"收货违约"。

（4）总经理可选择操作日期。总经理选择操作日期后，其他操作岗位可点击日期旁的刷新按钮，刷新为当前日期。

（5）运行中操作页面上的时间进度条，表示本季度运行的剩余时间（系统时间）。

1.4.1.5　年末时段运行操作规则

1）年末时段任务

年末时段所有经营操作均被停止，以下内容必须在规定的时间内完成：

（1）经营报表填制、上报。

（2）商业情报收集。

2）经营报表填制、上报

（1）经营报表由费用表、利润表和资产负债表组成，每年各公司应在年末规定的时间内完成经营报表的上报。

（2）经营报表的制作流程如下：填制岗位报表→提交岗位报表→生成经营报表→上报经营报表。

①岗位报表包括：总经理报表、采购总监报表、销售总监报表、财务总监报表和生产总监报表，分别由总经理、采购总监、销售总监、财务总监和生产总监各自填报并提交完成。岗位报表可以多次提交，每次提交都会刷新上报的经营报表。

②合成的经营报表不能直接修改，必须先修改岗位报表。

③合成的经营报表由总经理或财务总监点击"提交"按钮完成上报，提交后不可修改。

④年末结束时，系统自动关闭本年所有报表的操作。

3）报表核查

待系统的"年末"到时后，各公司可以查询本年经营报表的系统值和本公司上报值的对比数据。

（1）对比数据显示格式为：系统值/本公司上报值。

（2）底色为绿色，表示系统值与上报值一致；底色为粉色，表示系统值与上报值不一致；底色为黄色，表示没有上报数据。

4）商业情报收集（关于商业情报收集的具体说明见1.4.1.9）

（1）进入年末时段，可以查询当年的经营结果排名。

（2）在年末时段，总经理可以通过"情报"功能查看其他公司的详情，了解其他公司的经营动向。

1.4.1.6　容忍期和强制取消/执行

模拟经营公司与外界的交易活动（或业务）必须在规定时间内完成（如产品销售订单必须在交货日期前交货，原料订货必须在到货日期前收货入库等），否则会降低企业的经营诚信度（关于经营诚信度的具体说明见1.4.1.7）。

（1）容忍期：在规定日期没有完成的业务操作，允许延迟一段时间继续执行，这个延迟的时段被称为容忍期。在容忍期内，除了应按照业务要求进行操作外，还必须做到：

①支付相应的违约金（在支付业务费用的同时支付违约金）。

②扣减经营诚信度分数。

（2）强制取消/执行：容忍期结束时，如果仍不能完成业务操作，则该业务将被强制处理，具体包括：

①取消订单（包括取消销售订单、采购订单等），并额外扣减经营诚信度分数。

②强制执行费用支付业务，如应还的贷款或利息等连同违约金将被强制从财务账户中扣除；如果财务账户资金不足，将扣减至负值。

特别说明：容忍期和强制取消/执行是两种不同的惩罚措施。在容忍期内，原操作仍然可以进行，但要支付违约金，同时扣减经营诚信度分数；强制取消/执行则不允许进行原操作，扣除违约金，同时扣减经营诚信度分数。

1.4.1.7　企业知名度和经营诚信度（OID）

1）企业知名度

企业知名度即公众对企业名称、商标、产品等方面认知和了解的程度。企业知名度分市场计算，各队在一个市场中的企业知名度排名，决定了该市场订单分配的先后顺序。

广告分为促销广告和战略广告两类。两类广告均分市场投放，用于提升各队在该市场的企业知名度排名。

①促销广告只能在年初订单申请前进行投放，直接用于本年度企业知名度排名，本年年中运行开始后，促销广告不再影响企业知名度排名。

②战略广告在年中可随时投放，但是只在每季度末进行计算，下季度1号显示上季度最终企业知名度排名。也就是说，年初显示当前排名，第一季度显示年初排名，第二季度显示第一季度排名。战略广告对企业知名度有延续3年的影响。

2）经营诚信度

经营诚信度（OID）是反映企业经营信用程度的指标，如果企业存在不符合规则的业务行为，则会扣减企业的经营诚信度分数。企业每项业务的操作或对经营诚信度产生增值效应，或对经营诚信度产生减值效应。OID值的计算公式为：

某市场的OID值=市场当前OID值+市场OID增值–市场OID减值

OID增值每年年末自动计算一次；OID减值计算实时进行。

OID增值计算项见表1–5，OID减值计算项见表1–6，OID增减相关经营操作见表1–7。

表1–5　　　　　　　　　　　　OID增值计算项

类　别	OID影响因素	影响范围	计算方式
OID增值	交货无违约	单一市场	常量
	市场占有率	单一市场	计算值
	贷款无违约	全部市场	常量
	付款收货无违约	全部市场	常量

表1-6　　　　　　　　　　　　　OID减值计算项

类别	OID影响因素		影响范围
OID减值	订单违约交单	容忍期内完成	单一市场
		强制执行	
	还贷及利息违约	容忍期内完成	全部市场
		强制执行	
	付款收货违约	容忍期内完成	全部市场
		强制执行	
	年初现金为负	现金为负	全部市场
	支付费用违约	容忍期内完成	全部市场
		强制执行	

注：当年初现金为负时，全部市场OID值减0.2。

表1-7　　　　　　　　　　OID增减相关的经营操作

序号	动作	岗位	本地OID	区域OID	国内OID	亚洲OID	国际OID	是否容忍	扣减违约金
1	交货无违约	系统	+	+	+	+	+	无	无
2	市场份额	系统	+	+	+	+	+	无	无
3	贷款无违约	系统			+			无	无
4	付款收货无违约	系统			+			无	无
5	订单交付违约	销售	–	–	–	–	–	有	有
6	取消订单强制扣除违约金	销售	–	–	–	–	–	有	有
7	原料订单延迟收货违约	采购			–			有	有
8	取消原料订单强制扣除违约金	采购			–			有	有
9	零售市场出售原料未能履约	采购			–			有	有
10	零售市场出售产品未能履约	销售			–			有	有
11	代工延迟收货违约	销售			–			有	有
12	取消代工订单并强制扣除违约金	销售			–			有	有
13	贷款延迟偿还违约	财务			–			有	有
14	强制扣除应还贷款及违约金	财务			–			有	有
15	贷款利息延迟支付违约	财务			–			有	有
16	强制扣除应还利息及违约金	财务			–			有	有
17	延迟支付维护费违约	财务			–			有	有
18	强制扣除维护费及违约金	财务			–			有	有
19	延迟支付厂房租金违约	经理			–			有	有
20	强制扣除厂房租金及违约金	经理			–			有	有

3）企业知名度与经营诚信度的关系

企业在某个市场中的知名度与该市场的广告和经营诚信度有关，具体计算公式为：

$$\begin{aligned}\text{某市场企业知名度} \\ \text{的量化计算值}\end{aligned} = \begin{aligned}\text{该市场当前} \\ \text{OID值}\end{aligned} \times \Big(\begin{aligned}\text{该市场当前} \\ \text{年战略广告}\end{aligned} \times \begin{aligned}\text{第一年} \\ \text{有效权重}\end{aligned} + \begin{aligned}\text{上年} \\ \text{战略广告}\end{aligned} \times \begin{aligned}\text{第二年} \\ \text{有效权重}\end{aligned} +$$

$$\begin{aligned}\text{前年} \\ \text{战略广告}\end{aligned} \times \begin{aligned}\text{第三年} \\ \text{有效权重}\end{aligned} \Big) + \begin{aligned}\text{该市场当前} \\ \text{的促销广告}\end{aligned}$$

1.4.1.8　销售类型与订单分配

1）订货会

订货会在每年年初举行。

2）临时交易市场订单

临时交易是指在年中运行期内发生已分配的订单被取消的情况时，新设定"价格"和"交货期"后，在临时交易市场中进行的交易活动。

3）现货交易市场订单

各公司每年均可根据现货交易市场价格进行产品和原料的买进或卖出。

现货交易过程无须市场准入；现货交易直接用现金结算。

1.4.1.9　商业情报收集

在比赛过程中，其他参赛队的经营状况可通过以下两个途径进行收集：

（1）每年年初订单分配后，可以从订货会窗口中的"订单分配详情"功能处获取，可以通过产品、获取人、市场3个条件的任意组合进行筛选。

（2）每年年末，总经理操作获取各队的"公司详情"。现金为负的队伍无法获取情报。

1.4.1.10　经营报表操作规则

1）费用表

费用表见表1-8。

表1-8　　　　　　　　　　　　　　费用表

序　号	项　目	填报岗位
1	管理费	财务总监
2	广告费	总经理
3	设备维护费	财务总监
4	转产及技改费用	财务总监
5	租金	总经理
6	市场准入投资	总经理
7	产品研发投资	总经理
8	ISO认证投资	总经理
9	信息费	总经理
10	培训费	本次比赛不填写
11	基本工资	本次比赛不填写
12	费用合计	=本表1项至11项之和

2）利润表

利润表见表1-9。

表1-9　　　　　　　　　　　　　　　　**利润表**　　　　　　　　　　单位：万元

序　号	项　　目	数据来源
1	营业收入	产品销售收入合计项
2	营业成本	产品生产成本合计项
3	毛利	=本表1项-2项
4	综合费用	费用表"费用合计"项
5	折旧前利润	=本表3项-4项
6	折旧	财务统计表
7	支付利息前利润	=本表5项-6项
8	财务收入/支出	财务统计表
9	其他收入/支出	财务、原料统计报表
10	利润总额	=本表7项+/-8项+/-9项
11	所得税费用	财务统计表
12	净利润	=本表10项-11项

3）资产负债表

资产负债表见表1-10。

表1-10　　　　　　　　　　　　　　**资产负债表**　　　　　　　　　　单位：万元

序　号	项　　目	期末余额	上年年末余额
1	货币资金	财务统计	
2	应收账款	财务统计	
3	在制品	生产统计	
4	成品	销售统计	
5	原料	采购统计	
6	流动资产合计	=本栏1项至5项之和	
7	土地和建筑	总经理统计	
8	机器与设备	生产统计	
9	在建工程	生产统计	
10	非流动资产合计	=本栏7项至9项之和	
11	资产总计	=本栏6项与10项之和	
12	短期借款	财务统计	
13	应付账款	财务统计	
14	应交税费	=本年利润表11项	
15	长期借款	财务统计	
16	负债合计	=本栏12项至15项之和	
17	实收资本	财务统计	
18	利润留存	=本表上年年末18项与上年年末19项之和	
19	年度净利润	=本年利润表12项	
20	所有者权益合计	=本栏17项至19项之和	
21	负债和所有者权益总计	=本栏16项与20项之和	

注：表中"上年年末余额"栏数据取自上年的资产负债表。表中"期末余额"栏数据取自本年的"利润表"以及相关岗位本年的统计表，数据采集说明详见"利润表"和相关岗位报表部分的说明。

1.4.1.11　比赛结果评分

评分方法见表1-11。

表1-11　　　　　　　　　　　　评分方法

分值项	分　值	评分方法	审核方法	公布方法
经营结果得分	100分	以第六年系统"分数"排名确定评分	现场裁判审核	选手签字确认
报表减分	1分/年	每年结束后裁判核对各队报表填写情况	选手、现场裁判签字	选手签字确认

特别说明：

①报表审核只审核资产负债表。

②所谓全部正确，是指报表各项（所得税费用除外）与系统报表数据完全相同；考虑计算工具的误差，所得税费用与系统数据允许存在0.01的误差。

③系统"分数"的计算公式：

第六年的系统"分数"=第六年OID平均值×当年权益

其中："OID平均值"是各市场OID值的平均数。

第六年分数排名评分标准见表1-12。

表1-12　　　　　　　　　　第六年分数排名评分标准

分数排名	得　分	分数排名	得　分
1	100分	13	64分
2	97分	14	61分
3	94分	15	58分
4	91分	16	55分
5	88分	17	52分
6	85分	18	49分
7	82分	19	46分
8	79分	20	43分
9	76分	21	40分
10	73分	22	37分
11	70分	23	34分
12	67分	24	31分

1.4.2 总经理相关技术规则

1.4.2.1 总经理任务清单

总经理任务清单见表1-13。

表1-13   总经理任务清单

序 号	运行期	任 务
1	年初	市场开发投资
2	年初	ISO认证投资申请
3	年初	投放促销广告
4	年初	参加订货会，获取订单
5	年初、年中	预算经费申报
6	年中	控制推进日期
7	年中	战略广告投放
8	年中	购买/租用厂房
9	年中	厂房处理
10	年中	产品研发投资
11	年末	商业情报收集
12	年中、年末	填报总经理报表，报表上报

1.4.2.2 市场资质研发规则

市场资质研发规则见表1-14。

表1-14   市场资质研发规则

每次（年）投资额（万元）	本地市场研发投资次数	区域市场研发投资次数	国内市场研发投资次数	亚洲市场研发投资次数	国际市场研发投资次数	ISO 9000认证投资次数	ISO 14000认证投资次数
10	已完成	已完成	2	3	4	2	3

操作时间：年初。

①每年年初进行投资，下年年初完成此次研发；最后一次投资后，下一年资质才能生效。

②每年每个市场研发投资/ISO认证投资只能进行一次。

1.4.2.3 产品生产资质研发规则

产品生产资质研发规则见表1-15。

表1-15 产品生产资质研发规则

序 号	产品标识	投资期	每期投资额（万元）	每期天数（天）
1	P1	1	10	30
2	P2	2	10	30
3	P3	3	10	30
4	P4	4	10	60
5	P5	5	10	60

操作时间：年中。

①从每期投资额投入的日期开始计时，经过"每期天数"之后，完成一期研发。

②每期研发完成后，即上期研发到期日的第二天，才能开始下期投资研发。

③最后一次投资研发到期后，系统自动授予产品生产资质（注：最后一次研发结束日的第二天资质才能生效）。

④只有获得产品资质后才允许生产线开工生产。

⑤产品生产资质不允许转卖。

1.4.2.4 厂房使用规则

厂房使用规则见表1-16。

表1-16 厂房使用规则

序号	厂房标识	生产线容量（条）	购买价格（万元）	每年租金（万元）	出售账期（天）	违约金比例	违约容忍期限（天）	OID减数1	OID减数2
1	A	4	300	60	120	0.1	30	0.1	0.1
2	B	4	300	60	120	0.1	30	0.1	0.1
3	C	4	300	60	120	0.1	30	0.1	0.1
4	D	4	300	60	120	0.1	30	0.1	0.1

操作时间：年中。

①厂房购买：在总经理办公室可以进行厂房购买操作。

②厂房租用及退租：厂房租用以一年为期（租用开始日期至下一年到期日前），每年都需要支付租金。租金到期前30天可以进行续租支付，且到期日（含当天）前必须支付下一年租金，否则违约。违约容忍期内支付租金的，需要支付租金及违约金，并扣减所有市场OID值（OID减数1）；过了容忍期仍未支付租金的，系统将强制扣除租金及违约金，并扣减所有市场OID值（OID减数1及OID减数2）。厂房退租可通过出售厂房中的全部生产线，并点击"厂房退租"按钮进行操作。

③厂房租转买：租用厂房后，可以随时进行租转买操作，扣除购买费用，租金不予退还。

④厂房买转租：购买的厂房改为租用，需要先支付一年租金，成功后才能出售厂房。

1.4.2.5　广告和企业知名度规则

广告和企业知名度规则见表1-17。

表1-17　　　　　　　　　　广告和企业知名度规则

广告类型	投放时间	市　场	广告效应延迟时间	广告基数	第一年有效权重	第二年有效权重	第三年有效权重
促销广告	年初	分市场	当年有效	该市场的促销广告总和	1	0	0
战略广告	年中	分市场	3年	投入该市场有效战略广告的总和	0.6	0.3	0.1

1.4.2.6　控制推进日期的操作规则

操作时间：年中。

例如，当前时间为3月1日，可将日期推进到3月15日，但无法将日期从3月15日倒回3月1日。

1.4.2.7　总经理报表

总经理应在每年的经营中，按照表1-18填报总经理报表。

表1-18　　　　　　　　　　总经理报表

项　目	"金额"项填报说明	目标表表项说明
广告费	当年战略广告和促销广告投放总额	费用表中的"广告费"（第2项）
租金	当年支付的厂房租金	费用表中的"租金"（第5项）
市场准入投资	当年市场准入投资总额	费用表中的"市场准入投资"（第6项）
产品研发投资	当年产品研发投资总额	费用表中的"产品研发投资"（第7项）
ISO认证投资	当年ISO认证投资总额	费用表中的"ISO认证投资"（第8项）
信息费	当年购买商业情报的总费用	费用表中的"信息费"（第9项）
厂房价值	当前已购买的厂房总价值	资产负债表中的"土地和建筑"（第7项）

注：总经理报表可以在年中和年末的任何时间填报，每次填报后点击"暂存"保存数据，或点击"提交"更新报表。

1.4.3　采购总监相关技术规则

1.4.3.1　采购总监任务清单

采购总监任务清单见表1-19。

表1-19　　　　　　　　　　　　采购总监任务清单

序　号	运行期	任　务
1	年初	参加订货会，获取订单
2	年初、年中	预算经费申报
3	年中	原料市场预订原料
4	年中	原料仓库收货和付款
5	年中	现货交易市场出售原料
6	年中	现货交易市场购买原料
7	年中、年末	填制采购总监报表

1.4.3.2　原料采购规则

原料采购规则见表1-20。

表1-20　　　　　　　　　　　　原料采购规则

序号	供应商标识	原料标识	单价（万元）	当前数量（件）	质保期（天）	交货期（天）	违约金比例	违约容忍期（天）	OID1	OID2	处理提前期（天）
1	系统供应商	R1	10	2 000	80	30	0.1	20	0.1	0.1	20
2	系统供应商	R2	10	2 000	80	30	0.1	20	0.1	0.1	20
3	系统供应商	R3	10	2 000	80	60	0.1	20	0.1	0.1	20
4	系统供应商	R4	10	2 000	80	60	0.1	20	0.1	0.1	20

1）原料采购市场

（1）在原料市场中，公司可向系统购买原料。

（2）市场上原料的数量每季度各不相同，以系统当年各季度数据为准。

2）原料预订及收货

（1）原料必须提前预订，预订不需要预付费用；原料订单自下达之日起，根据表1-20中的"交货期"确定收货日期。

（2）在收货日期当天可以进行"收货"操作；若当天未完成"收货"操作，则从第二日起进入"收货"违约容忍期（见表1-20），在容忍期内仍然可以进行"收货"操作，但需要缴纳违约金（与货款一同缴纳），同时扣减所有市场的OID值（OID减数1）；若超过违约容忍期仍未完成"收货"，则系统将强制取消订单，同时从财务账户强制扣除违约金，同时扣减所有市场的OID值（OID减数1及OID减数2）。

（3）原料订单被取消后，被"取消"的原料当天返回"现货交易市场"的原料订单，且该原料该年的出售单价改为"原料订货大厦"原料价格的2倍，同时该原料可继续被预订，年末刷新。

（4）点击"收货"按钮时，系统将从采购总监账户划转资金，支付原料采购费用，同时收货。若采购总监账户资金不足，则"收货"操作失败。

3）原料的质保期

（1）原料的质保期（见表1-20）从到货日开始计算，在质保期（含当天）内，原料可以上线生产。

（2）原料质保期过后的第一天，系统将强制清除失效原料。

4）避免恶意占用资源

为避免原料采购中恶意占用资源行为的发生，每次下原料订单时，若订购原料价值超过公司总价，则无法订购原料，用公式表示如下：

若现金总量+当前应收款+当前贷款剩余额度+（在产品价值+产成品）×3<本次订购原料价值+未收货原料价值，则无法进行原料订货。

具体判断方法为：

①判断现金总量，若现金总量＞本次订购原料价值+未收货原料价值，则不受限制；若现金总量＜本次订购原料价值+未收货原料价值，则继续判断。

②判断现金总量+当前应收款，若现金总量+当前应收款＞本次订购原料价值+未收货原料价值，则不受限制；若现金总量+当前应收款＜本次订购原料价值+未收货原料价值，则继续判断。

③判断现金总量+当前应收款+当前贷款剩余额度，若现金总量+当前应收款+当前贷款剩余额度＞本次订购原料价值+未收货原料价值，则不受限制；若现金总量+当前应收款+当前贷款剩余额度＜本次订购原料价值+未收货原料价值，则继续判断。

④判断现金总量+当前应收款+当前贷款剩余额度+（在产品价值+产成品）×3，若现金总量+当前应收款+当前贷款剩余额度+（在产品价值+产成品）×3＞本次订购原料价值+未收货原料价值，则不受限制；若现金总量+当前应收款+当前贷款剩余额度+（在产品价值+产成品）×3＜本次订购原料价值+未收货原料价值，则提示资金存在风险，无法订购。

1.4.3.3 现货交易规则

现货交易规则见表1-21。

表1-21　　　　　　　　　　现货交易规则

序号	商品标识	当前可售数量（件）	市场出售单价（万元）	市场收购单价（万元）	出售质保期（天）	交货期（天）	年份
1	R1	20	30	5	50	0	1
2	R2	20	30	5	50	0	1
3	R3	20	30	5	50	0	1
4	R4	20	30	5	50	0	1

1）现货交易

（1）购买时，按照市场出售价从采购总监的账户中划转资金；若账户资金不足，则终止交易。

（2）出售时，若原料的失效天数在"处理提前期"（见表1-20）之前，则按照市场收购价进行计算。系统自动按照先进先出原则和处理提前期原则，提取公司原料库存；若原料库存不足，则交易失败。

2）现货交易市场的原料数量及价格

现货交易市场的订单各年均以表1-21列出的数量为基准。若有公司购买成功，则减少相应数量；若有公司销售成功，则增加相应数量。

1.4.3.4　采购总监报表

原料统计报表见表1-22。

表1-22　　　　　　　　　　　原料统计报表

原　料	库存原料数量（件）	库存原料价值（万元）	零售（含拍卖）收入（万元）	零售（含拍卖）成本（万元）	失效和违约价值（万元）
R1					
R2					
R3					
R4					

特别提示：

（1）表1-22中的所有数据均按正数填入。

（2）表1-22中各数据项将用于合成三表，合成方式如下：

①表1-22中各原料"库存原料价值"合计后，并入"资产负债表"中"原料"项的"期末余额"。

②表1-22中各原料"零售（含拍卖）收入"-"零售（含拍卖）成本"合计后，并入"利润表"中"其他收入/支出"项的"金额"。

③表1-22中各原料"失效和违约价值"合计后，以负数并入"利润表"中"其他收入/支出"项的"金额"。

（3）填报报表时的数据来自各原料本年的以下数据：

①"库存原料数量"：当前的库存数量（在当前库存中查询）。

②"库存原料价值"：当前库存价值的总额（在当前库存中查询）。

③"零售（含拍卖）收入"：当年在现货交易市场卖出原料和在拍卖市场卖出原料的总收入（需要在零售时记录）。

④"零售（含拍卖）成本"：当年在现货交易市场卖出原料和在拍卖市场卖出原料时出库的总成本（需要在零售时记录）。

⑤"失效和违约价值"：当年被强制清除的过期原料价值（需要查询相关消

息统计），以及收货违约产生的违约金和订单取消产生的违约金（查询当年的采购订单获得）。

1.4.4　生产总监操作相关规则

1.4.4.1　生产总监任务清单

生产总监任务清单见表1-23。

表1-23　　　　　　　　　　　　　　　生产总监任务清单

序　号	运行期	任　务
1	年初	参加订货会
2	年初、年中	预算经费申报
3	年中	新建生产线
4	年中	转产/技改生产线
5	年中	出售生产线
6	年中	全线推进（厂房内所有生产线的状态推进）
7	年中	全线开产（厂房内所有生产线上线开产）
8	年中、年末	填制生产总监报表

1.4.4.2　生产线规则

生产线参数见表1-24，计件工资参数见表1-25，工人数量见表1-26。

表1-24　　　　　　　　　　　　　　　生产线参数　　　　　　　　　　　金额单位：万元

序号	生产线标识	每期安装投资	安装期数	每期安装天数	生产期数	每期生产天数	残值	技改期数	每期技改天数	每期技改费用	技改提升比例
1	手工线	50	0	0	2	80	5	1	20	30	0.25
2	自动线	50	3	30	1	70	15	1	20	20	0.20
3	柔性线	50	4	45	1	60	20	1	20	20	0.20

序号	生产线标识	转产期数	每期转产天数	每期转产费用	提取折旧天数	设备维护费	操作工人总数	初级以上人数	中级以上人数	高级以上人数	技改次数上限	折旧年限
1	手工线	0	0	0	360	5	3	3			2	6
2	自动线	2	15	20	360	15	2		1		1	6
3	柔性线	0	0	0	360	20	2			1	1	6

表1-25   计件工资参数

工　种	初级工	中级工	高级工
计件工资（万元）	4	5	6

表1-26   工人数量

工　种	初级工	中级工	高级工
数量（人）	50	50	30

1）生产线安装

①生产线需要经过"安装期数"（见表1-24）才可完全建成，每期需要投入的时间为"每期安装天数"，每期需要投入的资金为"每期安装投资"。

生产线建成总价=安装期数×每期安装投资

生产线建成时间=安装期数×每期安装天数

②生产线安装完一期（到期当天或之后），需要通过"全线推进"结束本期。当生产线仍有下一安装期时，安装投资将从生产总监的账户中划拨，若金额不足，则推进失败。

2）生产线生产

（1）生产线生产需要具备以下条件：

①拥有该产品的生产资质；

②有充足的原料；

③公司内有足够的操作工人；

④生产总监账户中的资金足够支付工人工资。

（2）满足以上条件后，点击"全线开产"按钮，开启生产周期。

产品生产时间=生产期数×每期生产天数

（3）产品生产完成（到期当天或之后），需要点击"全线推进"按钮，进入下一个生产期，或完成生产；否则产品将一直处于"加工中"状态。

（4）操作工：每种生产线都需要由相应的操作工人完成，其中有2个重要参数：

①操作工人总数：每类生产线必须的操作工人数。

②操作工人级别：每类生产线要求的操作工人的最低级别。

要求的最低级别的操作工人人数不够时，可以由高于本级别的操作工人代替，但相应的计件工资会提高（见表1-25）。

3）生产线技改及转产

（1）技改。对于安装完成的生产线，各队可以通过技术改造减少每期生产天数。

一次技改减少生产天数=原生产天数×技改提升比例

一次技改后的生产天数=原生产天数×（1-技改提升比例）

例如，原生产天数为66天，技改提升比例为0.25，则一次技改后的生产天数为66×（1-0.25）=49.5（天），四舍五入，结果为50天。

（2）转产。若生产线变换生产品种，则需要进行生产线转产。

转产条件如下：

条件1：只能在"停产"状态时启动转产操作。

条件2：生产总监的账户必须有足够的资金支付转产费用。

4）生产线相关费用计算

（1）折旧：生产线建成后360天内不计提折旧，之后每年提取一次折旧，提取时间如下：建成第361天计提第一次折旧，第721天计提第二次折旧，照此类推。

提取的折旧额=（生产线原值-生产线残值）÷折旧年限

（2）设备维护费：建成的生产线按年缴纳维护费，以建成当天开始计算，每年的这一天就是支付设备维护费的截止日。

（3）生产线残值与出售：

当生产线净值≥生产线残值时，需要计提折旧。

出售生产线时，只能按照生产线残值出售。

1.4.4.3 产品物料清单

产品物料清单见表1-27。

表1-27　　　　　　　　　　　　　　**产品物料清单**　　　　　　　　　　　单位：件

序　号	产品标识	R1	R2	R3	R4	P1	P2	P3	P4
1	P1	1							
2	P2		1	1					
3	P3	1		1	1				
4	P4		1		2				
5	P5			1			1		

产品物料清单反映了生产某产品所用原料或产品的件数，又称产品的生产配方。组织生产时，需要按照此配方准备原料。

特别注意：P5是由1个R3原料和1个P2产品生产出来的，所以需要先生产出P2产品。

1.4.4.4 生产预配操作规则

生产预配分为手动预配和自动预配两种。·

1）手动预配

（1）将下次上线生产的原料从库房配送到指定的生产线。原料按照先进先出的原则，出库到生产线（原料库存减少）。

（2）将操作工人指派到指定的生产线。

（3）生产预配可以在年初及年中的任意时间进行操作，生产线在停产、生产、技改、转产时均可以进行生产预配。

2）自动预配

点击"全线开产"按钮，自动预配，并开始生产。

（1）生产线预配原则：按编号顺序依次进行预配。

（2）材料预配原则：先进先出。

（3）工人预配原则：满足生产要求的情况下优先低级。

1.4.4.5　生产总监操作规则

生产总监可以对各厂房进行"全线开产"和"全线推进"两项操作。

（1）"全线开产"是使厂房内的所有生产线进行生产操作。

（2）"全线推进"是使厂房内的所有生产线进行推进操作，从而完成操作或开启下一期：

①投资建线中的"投资期"完成可以推进到下一投资期开始。最后一期投资到期后，只有推进才能完成建线。

②生产操作中的"加工期"完成可以推进到下一加工期开始。最后一期加工到期后，只有推进才能让产品完工下线。

③转产操作中的"转产期"完成可以推进到下一转产期开始。最后一期转产到期后，只有推进才能结束转产。

④技改操作中的"技改期"完成可以推进到下一技改期开始。最后一期技改到期后，只有推进才能结束技改。

（3）生产线的"冻结"和"解冻"：如果不想让生产线"全线开产"或"全线推进"，可以选择"冻结"操作；选择"解冻"操作，生产线恢复"全线开产"或"全线推进"。

1.4.4.6　生产总监报表

（1）在制品统计报表（见表1-28）。

表1-28　　　　　　　　　　　　　　在制品统计报表

在制品	P1	P2	P3	P4	P5
数量（件）					
在制品价值（万元）					

注："在制品价值"合计后并入"资产负债表"中"在制品"项目的期末余额。

（2）生产设备统计报表（见表1-29）。

表1-29　　　　　　　　　　　　生产设备统计报表

生产线	手工线	自动线	柔性线
总投资（万元）			
累计折旧（万元）			
在建已投资额（万元）			

注：各生产线的"总投资"合计数-"累计折旧"合计数并入"资产负债表"中"机器与设备"项的期末余额。

各生产线的"在建已投资额"合计数并入"资产负债表"中"在建工程"项的期末余额。

填报时的数据采自生产线本年状态数据：

①在制品数量：当前所有生产线正在生产的产品数量（在当前生产线详细资料中查询）。

②在制品价值：当前所有生产线上的在制品总价值（包括：原料成本和计件工资），数据来源于当前生产线详情。

③生产线总投资：当前生产线的总价值，即生产线原值总和。

④生产线累计折旧：当前生产线的折旧合计。

⑤在建已投资额：当前在建的生产线已经投入的资金总和。

1.4.5　销售总监相关技术规则

1.4.5.1　销售总监任务清单

销售总监任务清单见表1-30。

表1-30　　　　　　　　　　　　销售总监任务清单

序　号	运行期	任　务
1	年初	参加订货会，获取订单
2	年初、年中	预算经费申报
3	年中	产品交货
4	年中	现货交易市场出售产品
5	年中	现货交易市场购买产品
6	年中	临时交易市场获取订单
7	年中、年末	填制销售总监报表

1.4.5.2　订单相关规则

每年年初，企业在订货会分市场集中获取订单。

1）订单状态

当年分配的所有订单，均可在"仓库订单"中查询。

销售订单状态说明见表1-31。

表1-31　　　　　　　　　　　　销售订单状态说明

状　态	状态印章	状态说明	下一步操作
订单未交货	未完成	正常未交货订单	交货
订单正常交货	完成	正常交货	收应收款
订单在容忍期内未交货	违约未完成	可以交货（计算违约金）	交货
订单在容忍期内交货	违约完成	在容忍期内完成交货	收应收款（扣除违约金）
订单在容忍期后未交货	取消	取消订单并强制扣除违约金	强制扣除违约金

2）订单交货与取消规则

订单交货规则见表1-32。

表1-32　　　　　　　　　　　　　　**订单交货规则**

序　号	市　场	订单违约金比例	违约容忍期限（天）	OID减数1	OID减数2	临时延期交货时间（天）	临时单价放大倍数
1	本地	0.2	30	0.3	0.1	90	1
2	区域	0.2	30	0.3	0.1	90	1
3	国内	0.2	30	0.3	0.1	90	1
4	亚洲	0.2	30	0.3	0.1	90	1
5	国际	0.2	30	0.3	0.1	90	1

（1）所有订单必须在规定的交货日期前（包括当日），按照订单规定的数量交货，订单不能拆分交货。

（2）交货日期后的第一天还未完成交货的订单会被标注为"违约未完成"状态，进入容忍期。在容忍期内仍然可以进行"交货"操作，但系统会计算违约金，并扣减OID值。

（3）容忍期结束日之后，仍未执行"交货"操作的订单会派放到临时交易市场，原订单被标注为"取消"状态，不能执行"交货"操作，同时强制扣除违约金，并扣减OID值。

（4）容忍期截止日期跨年的订单，可以保留到下年。下年完成交货后，销售收入计入下年；若下年不能完成交货，则直接取消订单，并扣减OID值，但该订单不能进入下年的临时交易市场。

1.4.5.3　临时交易订单规则

临时交易发生在年中运行期间，如年初订货会中已分配的订单，因其他队伍违约被取消，从而出现在订货会中，可在订货会的临时交易市场申请分配操作。

1）临时交易的触发条件

当某公司的订单进入容忍期时，系统会向所有公司的销售总监发布临时交易市场订单预告，预告信息包括：市场名、产品名、产品数量、预计上架日期等。

（1）当容忍期订单被取消时，取消当日按市场进入临时交易市场。若该订单是第二次被取消，则不进入临时交易市场。

（2）如果预告的临时订单在容忍期内完成交货，则不再进入临时交易市场。

（3）订单交货期自原订单取消之日起，按系统设置天数后延；订单产品单价根据市场情况确定，可能与原订单不同。

（4）如果临时交易订单直到交货日到期后的第一天，仍然有剩余产品数量没有被申请，则该订单将被取消，并且不再进入临时交易市场进行交易。

（5）临时交易市场未分配的订单不跨年，即本年结束后，取消临时交易市场中所有未分配的订单。

2）临时交易的接取条件

（1）临时交易分市场进行，需要有该市场资质。

（2）获取临时交易订单的资质要求与订货会的要求一样，此外还要求公司本年在该市场中没有违约交货记录，否则将不能获取本市场的临时交易订单。

（3）临时交易订单按照操作的系统时间先后进行分配，与企业运行日期和企业知名度排名无关。

①如果分配时订单产品剩余数量大于等于申请数量，则全数分配。

②如果分配时订单产品剩余数量小于申请数量，则按剩余数量分配。

③如果分配时订单产品剩余数量为0，则停止分配。

（4）临时交易订单可以被分割获得，即可以获取订单中的部分产品数量。也就是说，若订单剩余产品数量小于申请数量，则按剩余产品数量分配，申请公司只能取得申请的部分产品数量。

（5）在临时交易中，若多次申请同一张订单成功，则在没有交货的情况下，按照单号合并成一张订单，其中产品数量等于多张订单产品数量之和，已交货的订单除外。

（6）若已分配的临时交易订单交货期跨年，则可以保留到跨年交货，销售收入计入下年。

1.4.5.4 现货交易规则

现货交易规则见表1-33。

表1-33　　　　　　　　　　　　　现货交易规则

序号	商品标识	当前可销售数量（件）	市场出售单价（万元）	市场收购单价（万元）	出售质保期（天）	交货期（天）	年份
1	P1	20	60	20	0	0	1
2	P2	20	80	30	0	0	1
3	P3	20	100	40	0	0	1
4	P4	20	120	50	0	0	1

（1）现货交易市场的订单各年均以表1-33列出的数量为基准。

（2）现货交易市场是现金现货交易，购买成功后，先从销售部总监的账户中划转资金，再从市场中转移产品；如果账户资金不足，则终止交易。

（3）现货交易市场采购产品的价格均为表1-33中的"市场出售单价"，公司出售产品的单价按照表1-33中的"市场收购单价"计算。

（4）公司出售给现货交易市场的产品成交后，增加当期现货交易市场产品的库存量。

1.4.5.5　销售总监报表

产品统计报表见1–34。

表1–34　　　　　　　　　　　　**产品统计报表**

项　目	数量（件）	订单收入（万元）	违约罚款（万元）	销售成本（万元）	库存产品数量（件）	库存产品价值（万元）
P1						
P2					当前库存产品数量	当前库存产品价值
P3						
P4						
P5						

填写规则如下：

（1）"数量"：填写当年已交货订单产品数量，可以从当年产品库存的单据中查询，具体包括：

①年初订货会订单交货出库产品数量；

②现货交易市场销售出库产品数量；

③临时交易市场已交货订单产品数量。

（2）"订单收入"：按照表1–35计算汇总。

表1–35　　　　　　　　　　　　**销售收入计算规则**

销售操作	销售总额（数量×单价）	违约金（销售总额×违约金比例）	销售收入
订单按期交货	订单总额	0	订单总额
订单违约交货	订单总额	订单总额×违约金比例	订单总额×（1–违约金比例）
订单违约取消	0	订单总额×违约金比例	0–违约金
现货零售	产品销售总价	0	产品销售总价

（3）违约罚款：通过查询当年已处理（包括完成和取消）订单的"罚金"项直接获取。

（4）销售成本：通过查询当年已处理订单中的"转出成本"项直接获取。

（5）库存产品数量：从库存状态中直接获取。

（6）库存产品价值：从库存状态中直接获取。

1.4.6　财务总监相关技术规则

1.4.6.1　财务总监任务清单

财务总监任务清单见表1–36。

表1-36　　　　　　　　　　　　　　　　**财务总监任务清单**

序　号	运行期	任　务
1	年初	参加订货会
2	全年	各岗位现金申请审核并拨款
3	全年	资金调配（反向拨款）
4	年中	贷款申请
5	年中	每月支付费用（包括到期贷款和利息）
6	年中	提取应收款
7	年中	应收款贴现
8	年中、年末	填制财务总监报表
9	年末	审核年度报表并上报
10	全年	查询经营详情

1.4.6.2　贷款类型及贷款方式

贷款规则见表1-37，贷款套餐详情见表1-38。

表1-37　　　　　　　　　　　　　　　　**贷款规则**

序号	贷款类型	还款/利息违约容忍期（天）	利息违约金比例	还款违约金比例	本金OID减数1	本金OID减数2	利息OID减数1	利息OID减数2
1	长贷	25/30	0.1	0.1	0.1	0.2	0.1	0.2
2	短贷	25/30	0.1	0.1	0.1	0.2	0.1	0.2

表1-38　　　　　　　　　　　　　　　　**贷款套餐详情**

套餐名称	贷款期数	每期天数	贷款金额（万元/份）	利　率
2季短贷	2	90	10	0.05
3季短贷	3	90	10	0.05
4季短贷	4	90	10	0.05
2年长贷	2	360	20	0.1
3年长贷	3	360	20	0.1
4年长贷	4	360	20	0.1
5年长贷	5	360	20	0.1

（1）贷款申请时间：各年正常经营的任何日期（不包括年初和年末）。

（2）贷款类型：不同类型的贷款可以自由组合，但长、短贷额度之和不能超出上年权益的2倍。

①长期贷款：它是指企业向银行借入的期限在1年以上（不含1年）的各项

借款。企业可以在年中任何日期申请长期贷款，到期一次付息还本。

②短期贷款：它是指企业向银行借入的期限在1年以内（含1年）的各项借款。企业可以在年中任何日期申请短期贷款，到期一次付息还本。

（3）贷款以套餐方式提供，每份套餐的具体参数见表1-38，如2季短贷套餐，每份10万元，使用期为2季（90天/季），利率为5%等。

申请贷款时，输入申请改套餐的份数，如10份2季短贷，总贷款量为：10份×10万元=100万元。

（4）系统每月1日提供本月到期贷款和利息的账单，但不提供具体到期日的信息（具体到期日可以在"收支明细"中查询）。

正常还贷款和还利息可以在贷款到期日或者利息到期日之前（包括到期日当天）操作，否则将进入容忍期，同时发生违约金及扣减OID值。

如果当月应还贷款进入容忍期（即违约未还），则不能再进行贷款操作（不论是否还有额度）。

1.4.6.3　应收款和应收款贴现

贴现规则见表1-39。

表1-39　贴现规则

序　号	贴现率	贴现期（天数）
1	0.05	30
2	0.1	60
3	0.15	90
4	0.2	120

（1）应收款是企业应收但未收到的款项。

（2）应收款账期是从确认应收款之日到约定收款日的期间。

（3）贴现是指债权人在应收款账期内，贴付一定利息以提前取得资金的行为。不同应收款账期的贴现率不同。

1.4.6.4　应交税费的计算和缴纳

费用计算规则见表1-40。

表1-40　费用计算规则

序号	费用类型	算　法	计算值（万元）	费用比例	扣减资源	计算时间	是否手动支付
1	管理费	固定常数	5	1	现金	每月1日	是
2	设备维护费	生产线原值×费用比例	计算	0.1	现金	满360天	是
3	折旧	（生产线原值-生产线残值）÷折旧年限	计算	1	生产线净值	满360天	系统自动扣减
4	所得税费用	（当年权益-纳税基数）×费用比例	计算	0.2	现金	每年年末	系统自动扣减

（1）每月1日，系统按照表1-40中规定的计算方式，自动计算出本月应交的费用项，并分别列示在相应的表内；利息和贷款也被列在表中一并处理。

（2）费用支付有系统自动扣减和手动支付两种方式。

①系统自动扣减：在当月计算后，系统自动进行扣减操作，如所得税费用和折旧。

②手动支付：在本月的任何日期，手动选择费用项，点击"支付"按钮，则被选定的费用项全额支付。

（3）如果费用项有指定的到期支付日期，则需要在到期日之前（包括到期日当天）支付，否则按违约处理。

①本月内到期的费用可以选择提前支付。

②如果某种费用在支付截止日前未完成支付操作，则被视为违约费用，需要额外计算违约金（违约金=费用本金×违约金比例），此时显示的应支付费用为费用本金与违约金之和。

③本月费用没有在30日前（包括30日）支付，将合并到下月费用中，但上月未交费用为违约未交状态，需要按照设定的违约金比例计算违约金，违约金也将被合并到下月费用中。

④如果容忍期内仍然没有完成支付，系统将强制扣除违约金，并扣减所有市场的OID值（OID减数1及OID减数2）。

（4）本年12月份，将对本年所有费用进行强制清缴，即：

①12月份所有费用的容忍期到期日调整为12月29日。

②12月30日即对所有未交费用进行强制扣除处理，并扣减所有市场的OID值。

费用违约规则见表1-41。

表1-41　　　　　　　　　　费用违约规则

序　号	费用明细	是否扣减全部市场的OID值	违约金比例	违约容忍期限（天）	OID减数1	OID减数2
1	管理费	否	0	30	0	0
2	所得税费用	否	0	30	0	0
4	折旧	否	0	30	0	0
5	设备维护费	否	0	30	0	0
6	基本工资	否	0	30	0	0
7	员工福利	否	0	30	0	0

1.4.6.5　财务总监报表

财务总监报表见表1-42。

表1-42　　　　　　　　　　　　　　　财务总监报表

资金项目	金额（万元）	目标表表项说明
管理费		费用表中的"管理费"（第1项）
设备维护费		费用表中的"设备维护费"（第3项）
转产及技改费用		费用表中的"转产及技改费用"（第4项）
培训费	0	费用表中的"培训费"（第10项）
基本工资	0	费用表中的"基本工资"（第11项）
财务费用		利润表中的"财务收入/支出"（第8项）
本年折旧		利润表中的"折旧"（第6项）
其他支出合计		利润表中的"其他收入/支出"（第9项）
现金余额		资产负债表中的"货币资金"（第1项）
应收账款		资产负债表中的"应收账款"（第2项）
应付账款		资产负债表中的"应付账款"（第13项）
长期借款余额		资产负债表中的"长期借款"（第15项）
短期借款余额		资产负债表中的"短期借款"（第12项）
实收资本		资产负债表中的"实收资本"（第17项）
所得税费用		利润表中的"所得税费用"（第11项）

特别提示：表中所有数据均按正数填入。

（1）"管理费""设备维护费""转产及技改费用"：均为全年支付的总和。

（2）"基本工资""培训费"：人力资源部支出的操作工人的费用，每月1日在系统账单中列支，本次比赛金额填0。

（3）"折旧"：本年提取的生产线折旧合计。

（4）"其他支出合计"：包括维护费违约金、管理费违约金、代工收货违约金、租金违约金、处理财产损失（注：财产损失是出售生成线的资产损失，资产损失=生产线原值-累计折旧-残值）等。

（5）"所得税费用"：根据本年的权益合计计算是否需要交税。具体操作方法如下：

①当年利润总额为负（≤0），则当年未盈利，不用交税。

②当年利润总额为正（＞0），则当年盈利：

所得税费用=应税金额×税率

应税金额=当年利润总额-以前年度亏损

注：以上规则最终解释权归裁判组所有。

1.5　市场预测

第十五届全国大学生创新创业沙盘模拟经营大赛（辽宁赛区）市场预测如图1-45所示。不同的产品在不同的市场及时段是不一样的，请同学们认真分析各个市场价格和数量的变化趋势。

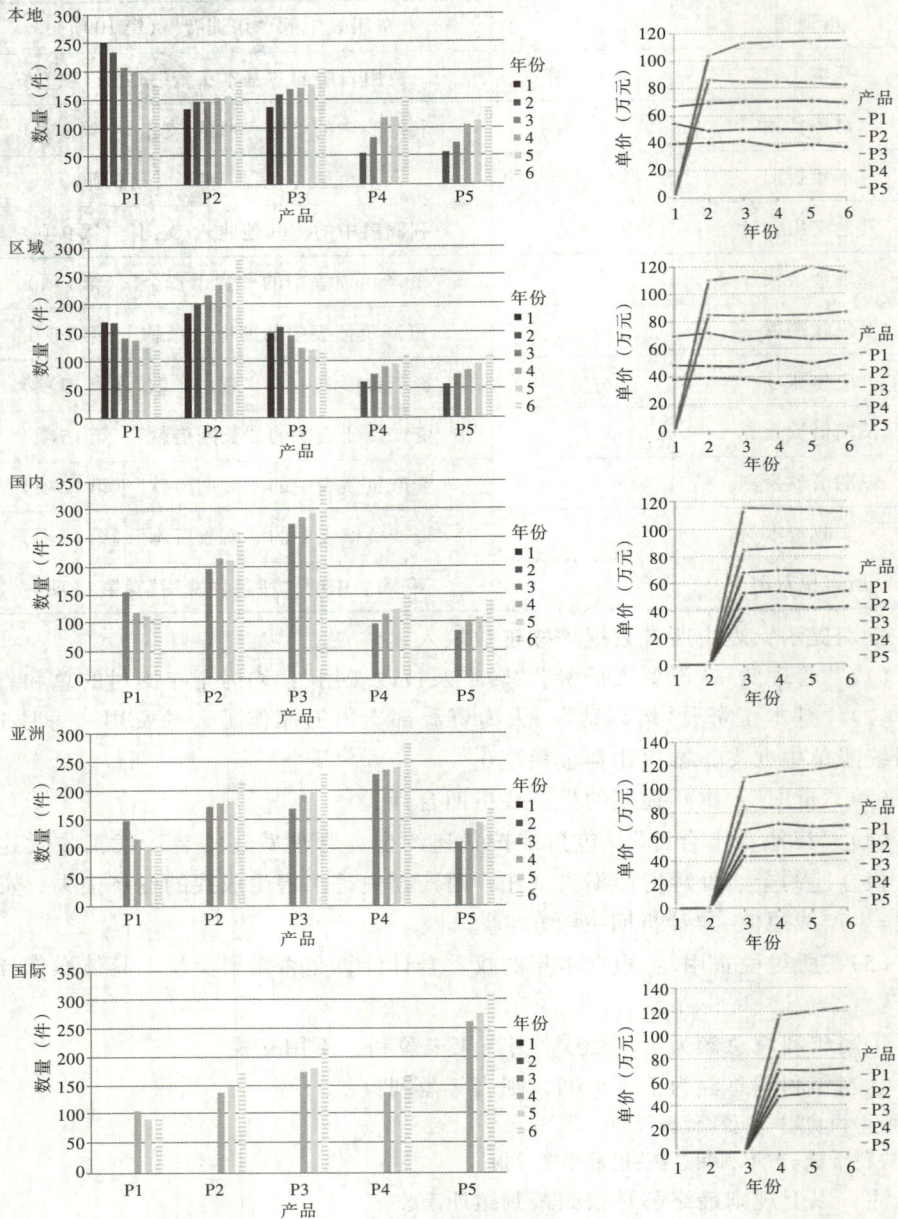

图1-45 市场预测

思路决定出路，格局决定结局。

企业为什么需要战略？根本原因是资源有限。

战略没有好坏，只有适合和不适合；适合自己的战略就是最好的战略。

2.0 开篇语

也许你已经迫不及待地想动手操作，且慢，在进行模拟企业经营的实际操作前，你和你的团队必须解决以下三个问题：一是彻底弄懂"导入篇"所讲的市场规则和企业运行规则，这是企业有效运行的基础；二是基于"导入篇"提供的市场预测，制定企业的发展战略，明确企业的发展方向和目标，这是取胜的关键；三是严肃组织纪律，使各个角色能在总经理的统一指挥下严格按照企业流程各司其职、协调运作，这是成功的保障。

2.0.1 关于运行规则

了解规则并用好规则是顺利、有效经营模拟企业的基础。运行规则并不是只有总经理掌握就行了，其实每个人都应该熟练掌握，尤其要掌握自己所负责业务部分的规则。

对于规则，要彻底弄懂，而不是似懂非懂。在实训过程中，我们发现容易误解的规则主要有：战略广告的作用和市场知名度与选单的关系；新生产线的折旧与维护费；贷款的更新与利息；不同产品的成本核算等。

还有一点要特别说明，那就是应严格按照模拟企业的运行流程一步步操作，不要跳跃进行。团队成员之间一定要密切沟通，不要错过某项任务的时间节点。

判断胜负，不光要看企业当前的所有者权益，还要看企业的发展潜力。切记！

2.0.2 关于战略选择

企业的经营过程犹如船在波涛汹涌的大海中航行，船要驶向希望的彼岸，离不开罗盘和舵柄。企业要在瞬息万变的竞争环境中获得生存和发展，也离不开企业战略的指引。我们在制定发展战略时，一定要注意控制发展速度。我们并不提倡墨守成规、停滞不前，而是要确保发展速度与企业权益和财务状况的发展相平衡，这也是管理的精髓之一——"适度"。

一些实训团队在制定企业发展战略时，豪情万丈、气吞山河，大有扫平天下之势：一上来就拼命铺设全自动生产线和柔性生产线，研发全系列产品，开发全部市场，融资用到了极限。结果是投入了巨额的财务费用、研发费用、市场开拓费用等，再加上生产线折旧等，企业权益迅速下降甚至为负或出现现金断流，不得不含泪宣告破产。

因此，各团队在制定企业战略时，一定不要脱离企业的实际，要懂得量力而行，当然也不能过于保守。由于资源有限，企业在一定的时期内只能做有限的事，正确的做法是明确目标，具体到实训中就是要回答以下几个问题：

问题1：我们想成为什么样的企业？

规模方面，是大企业还是小企业？生产产品方面，是多品种还是少品种？市场开拓方面，是许多市场还是少量市场？市场地位方面，是努力成为市场领导者还是甘当追随者？

例如，C公司拟采取"全部市场+有限产品"的策略，所以第一年只在本地市场投了2M广告费，销售了部分P1产品。第二年，C公司仍然只生产P1产品，并用较低的广告费售出了一部分P1产品。C公司第一时间开发了所有市场，却并没有开发新产品。正当人们认为其发展滞后时，C公司在第三年年初跳过P2、P3产品，直接开发了P4产品，并建了1条P1产品的全自动生产线，保留了1条P1产品的半自动生产线；在第三年4Q变卖了手工生产线，开始投资建设4条P4产品的全自动生产线；在第四年2Q与P4产品的研发同步完成，同年3Q开始生产P4产品。从第四年开始，由于独家生产P4产品，C公司包揽了P4产品市场。第五年，由于有4条全自动生产线全力生产P4产品，C公司在本地、区域、国内和亚洲4个有P4产品需求的市场上均以3M广告费实现了重复选单，C公司的P4产品席卷了各个市场。同时，C公司进行了P1产品向国际市场的转移，依靠P1产品的储备和保留的产能，在国际市场实现了P1产品的多次选单，夺得了国际市场的老大地位。第六年，C公司的发展更是锦上添花。由于国际市场P1产品的利润率很高，其他各市场P4产品的利润率也很可观，因此C公司的权益大幅攀升。最终，C公司用3年的时间实现了大逆转，赢得了竞赛。

（注：此为用友物理沙盘案例，供参考。）

问题2：我们倾向何种产品和何种市场？

由于资源有限，在很多情况下，放弃比不计代价地掠取更明智。你不可能全面开花、面面俱到，应选取你的重点市场和重点产品。

例如，A公司第一年在本地市场投放了8M广告费，夺得了市场老大的地位，早早确立了自己的"主战场"。由于本地市场是综合需求量最大的一个市场，因此 A 公司在随后的发展过程中变卖了手工生产线，在大厂房里新置了 5 条全自动生产线，开发了 P2、P3 产品，跳过区域市场，又开发了国内和亚洲市场，实现了产能与市场之间的平衡，持续稳健发展。在企业融资和广告费等方面节约了大量成本，健康发展到第六年，最终取得了第一的成绩。

又如，F 公司第一年以 5M 的平均广告费投入获得了平均销量。第二年研发了 P2 产品，投资了 2 条 P2 产品全自动生产线，并开发了全部市场。第三年开发了 P3 产品，变卖了 2 条手工生产线，新建了 2 条 P3 产品全自动生产线。第四年开始大规模销售 P2、P3 产品，并取得了亚洲市场老大地位。然而，此时各公司均大量生产 P2、P3 产品，市场趋于饱和，广告费竞争也非常激烈，于是 F 公司在这一年决定开辟蓝海——研发 P4 产品。F 公司从第五年开始低成本销售 P4 产品，同时放弃了一些利润率低的产品市场。经营结束，F 公司凭借这种不断灵活转变的策略，最终取得了竞赛的胜利。

（注：此为用友物理沙盘案例，供参考。）

放弃也是一种美，有时放弃比占有更重要。

打完"江山"后，我们自然会想到保"江山"。这句话本身无可厚非，但值得我们注意的是，我们要保有价值的"江山"。对于那些竞争激烈、利润空间小的市场要敢于放弃，依据自己的产品组合和竞争状况寻找新的市场，不断地"丢芝麻，捡西瓜"。

问题 3：我们计划怎样拓展生产设施和生产能力？

生产线是产品加工的载体。本沙盘包括手工线、自动线和柔性线 3 种生产线。不同生产线的购置价格、生产效率、折旧费用以及转产的灵活性都不相同，因此生产总监应会同财务总监、销售总监和总经理，依据本企业的发展经营战略和财务状况，选择恰当的时机投资恰当的生产线。

具体来说，为了有效扩大生产能力，需要思考并回答：购买什么样的生产线？什么时候购买和购买多少？为此，我们需要考虑以下几方面因素：

（1）生产线安装周期、生产线是否技改及技改周期等。

（2）产品研发周期。注意产品研发完成日期与生产线的生产日期相匹配。

（3）生产线的折旧。生产线的折旧会影响企业的权益，而权益又决定了企业融资规模的大小和是否破产等，因此生产线的折旧直接影响着企业的财务状况。

（4）生产线组合。生产线组合需要考虑产品研发的种类及市场开拓的情况。一般来讲，如果采取积极扩张的战略，则可考虑自动线和柔性线；如果采取稳健发展的策略，则可考虑手工线和自动线，并控制生产线的数量。

在实际操作中，柔性线是一把"双刃剑"。它的优点在于可以灵活、快速地调整产品组合，方便接取订单和及时交货，以便回流资金；缺点也显而易见，即投资成本和折旧费用均较高，并且它的存在对原料的采购、生产的组织等也会产生一定的影响。因此，生产线组合及安装的前提是制定合理、详细的发展战略，在此框架指导下，做好企业的现金预算分析，这样才能保证生产线选择的合理性。

此外，还要编制生产计划和投资计划。生产总监要与总经理、销售总监确定当年销售产品的重点，在总经理投广告前做出生产计划，向销售总监告知本年企业可能生产的产品种类及数量。拿到当年销售订单后，要结合订单情况和企业资金情况重新修正确定当年的生产计划、生产线投资计划等。

假如生产 P1 和 P2 两个产品，则产品生产及设备投资计划见表 2-1。

表 2-1　　　　　　　　　　　产品生产及设备投资计划　　　　　　　　金额单位：百万元

生产线		第一年				第二年				第三年			
		第一季度	第二季度	第三季度	第四季度	第一季度	第二季度	第三季度	第四季度	第一季度	第二季度	第三季度	第四季度
1手工线	产品生产					→P1	→	→	P1	→	→	P2	→
	设备投资	5											
2半自动线	产品生产					→P1	→	P1	→	P1	→	P1	→
	设备投资	5	5										
3全自动线	产品生产					→P2	P2	→P2	P2	→P2	P2	→P2	P2
	设备投资		5	5	5								
4柔性线	产品生产					→P2	P2	→P2	P1	→P1	P2	→P2	P2
	设备投资		5	5	5								
合计	完工产品					2P1	2P2	1P1+2P2	1P1+2P2	2P1+1P2	1P1+1P2	1P1+3P2	2P2
	设备投资	15	15	10	10								

注：此表为用友物理沙盘所设计，但其与约创云平台企业经营沙盘的设计思路是一致的，只是约创云平台企业经营沙盘要精确到月和日。

不同生产线的产能计算公式如下：

当年某产品可接订单量=期初库存+本年产量

问题4：我们计划采用怎样的融资策略？

现金流是企业生存的命脉，现金断流意味着企业将倒闭破产。融资的方式有很多，如长期贷款、短期贷款、资金贴现、出售厂房和设备等。每种融资方式的特点和适用性都不同，我们应根据企业的发展规划，做好融资计划，从而保证企业的正常运转，切不可因小利而影响到整个规划的实施。

值得注意的是，融资手段不应过于单一，应采用多种融资手段并进行最佳组合。如何巧妙处理各种融资手段之间的关系，以最低的成本获取最适量的资金，是财务总监的重要职责。一般而言，长、短期贷款是企业的主要融资手段。长期贷款的融资成本高于短期贷款，但还款压力较小；短期贷款的融资成本较低，但还款压力较大，尤其是在前期，企业的权益可能会大幅度下降，进而影响企业的贷款能力。因此，我们要对企业的经营战略、运行状况做一个长期的、细致的分析，这样才能正确把握贷款时机并合理调整长、短期贷款之间的比例关系，在满足现金需求的情况下，将总贷款成本降到最低。

资金贴现是企业为了缓解暂时性资金紧张而采取的融资方式，但其前提是要有应收账款。在实际操作中，应注意贴现的比例。一般来讲，我们应首先考虑贴现账期较长的应收账款。

在实际操作前，每个团队都应对上述问题进行深入探讨并达成共识。每一年经营下来，都需要反思自己的行为，聆听指导教师根据现场数据做出的点评，分析实际与计划的偏差及偏差产生的原因，进而对战略做出必要的修正。

2.0.3 关于团队协作

本次实训虽然是模拟企业6年的经营，但在盘面上运作的时间却很短。尽量缩短磨合时间，立即进入角色，并在总经理的统一指挥下各司其职、协调有效地运作，对于一个临时组成的管理团队来说非常重要。因此，受训者既要积极向前，又要听从指挥；既要勇挑重担，又不能厚此薄彼；既要各抒己见，又要彼此尊重。这样才能既发挥团队成员的作用，又不会使团队成员互不服气、各行其是，影响企业的经营运作。

在实训中，经常有企业不能平账。出现这种情况，有时是因为财务总监不会做账，但多数时候是因为各角色没有严格按照企业经营流程去运作。此外，销售总监与生产总监沟通不够，要么出现大量库存，要么接了订单却生产不出来，也会导致账目混乱。

另外一个值得注意的问题就是不能搞一团和气。例如，一个企业3年都不能平账，也不换财务总监，这不仅严重影响了企业的运行，也影响了竞赛的进程。这不是真正的团结，更谈不上团队协作。让合适的人做合适的事，这是基本的准则。

请认真思考以下有关发展战略的问题并记录结果（总经理带领管理团队共同决定）：

（1）我们想成为什么样的企业？企业的经营目标和宗旨是什么？（包括文字描述及具体数字，如销售收入目标、利润目标等）

_____

_____

_____

_____

_____

_____

_____

_____

_____

（2）我们倾向于何种产品、何种市场？准备何时实现？填写表2-2。

表2-2　　　　　　　　　　　产品与市场开发计划

产　品	市　　场				
	本　地	区　域	国　内	亚　洲	国　际
P1	现在的位置				
P2					
P3					
P4					
P5					

（3）我们想实现多大的产能？建什么样的生产线？准备何时实现？填写表2-3。

表2-3　　　　　　　　　　　生产线购置计划

生产线	第一年	第二年	第三年	第四年	第五年	第六年
手工线						
自动线						
柔性线						

（4）我们想什么时候融资？融什么资？融多少资？填写表2-4。

表2-4　　　　　　　　　　　融资计划

融资手段	第一年	第二年	第三年	第四年	第五年	第六年
长期贷款						
短期贷款						

各角色应根据上述战略规划，思索如何有效贯彻执行，并确定执行细节。

每个角色都要认真阅读并思考以下相关角色的提示：

（1）总经理要重点关注整体战略是否有偏差，并适时带领团队成员做出必要的调整；同时，控制企业严格按照流程执行各项工作，在年初进行市场资质研发、ISO认证、促销广告投放、选单，在年中进行产品生产资质研发、战略广告投放等。

（2）财务总监应该重点考虑现金流问题，既要保证企业发展战略实施所需要资金的充足供应，又要避免资金过多闲置，造成浪费。因此，财务总监要认真制订具体的融资计划和资金使用计划，同时组织做好财务收支、记账、生产线折旧、维护费提取等工作。

（3）销售总监要根据企业战略，在与生产总监协调的基础上，制订具体的销售计划，包括生产和销售什么产品、生产和销售多少产品、通过什么渠道销售、计划在什么地区销售、各地区的销售比例如何、是否考虑促销活动等。销售总监要为总经理的操作提供建议，并具体负责产品交货等工作。

（4）生产总监要根据企业发展战略的整体要求，在与销售总监、财务总监沟通的基础上，制订具体的产品开发计划、生产计划、设备投资与改造计划，确定新产品的研发进程、新设备用于生产何种产品、设备安装地点、所需资金来源、设备上线的具体时间、所需物料储备，以及生产什么、生产多少和何时生产等。

（5）采购总监要与生产总监密切配合，根据生产计划的要求，确定采购什么、采购多少与何时采购，保证按时、足量供应生产所需的原料，努力做到既不出现物料短缺，也不出现库存积压。

确认我的角色：

我的角色是：＿＿＿＿＿＿＿＿＿＿＿＿＿＿＿＿＿＿＿＿＿＿

我的就职宣言：

＿＿＿＿＿＿＿＿＿＿＿＿＿＿＿＿＿＿＿＿＿＿＿＿＿＿＿＿
＿＿＿＿＿＿＿＿＿＿＿＿＿＿＿＿＿＿＿＿＿＿＿＿＿＿＿＿
＿＿＿＿＿＿＿＿＿＿＿＿＿＿＿＿＿＿＿＿＿＿＿＿＿＿＿＿
＿＿＿＿＿＿＿＿＿＿＿＿＿＿＿＿＿＿＿＿＿＿＿＿＿＿＿＿
＿＿＿＿＿＿＿＿＿＿＿＿＿＿＿＿＿＿＿＿＿＿＿＿＿＿＿＿
＿＿＿＿＿＿＿＿＿＿＿＿＿＿＿＿＿＿＿＿＿＿＿＿＿＿＿＿
＿＿＿＿＿＿＿＿＿＿＿＿＿＿＿＿＿＿＿＿＿＿＿＿＿＿＿＿

开展我的工作（确定执行计划与执行细节）：
（不够可另附页）

＿＿＿＿＿＿＿＿＿＿＿＿＿＿＿＿＿＿＿＿＿＿＿＿＿＿＿＿
＿＿＿＿＿＿＿＿＿＿＿＿＿＿＿＿＿＿＿＿＿＿＿＿＿＿＿＿
＿＿＿＿＿＿＿＿＿＿＿＿＿＿＿＿＿＿＿＿＿＿＿＿＿＿＿＿
＿＿＿＿＿＿＿＿＿＿＿＿＿＿＿＿＿＿＿＿＿＿＿＿＿＿＿＿
＿＿＿＿＿＿＿＿＿＿＿＿＿＿＿＿＿＿＿＿＿＿＿＿＿＿＿＿
＿＿＿＿＿＿＿＿＿＿＿＿＿＿＿＿＿＿＿＿＿＿＿＿＿＿＿＿
＿＿＿＿＿＿＿＿＿＿＿＿＿＿＿＿＿＿＿＿＿＿＿＿＿＿＿＿
＿＿＿＿＿＿＿＿＿＿＿＿＿＿＿＿＿＿＿＿＿＿＿＿＿＿＿＿

2.1 典型策略与实例

《礼记·中庸》中有言："凡事，豫（预）则立，不豫（预）则废。"同样，进行约创云平台企业经营沙盘模拟实训前，也要有一整套策略，方能使你的团队临危不乱，在变幻莫测的比赛中笑到最后。下面介绍竞赛中的 3 种典型策略和 3 个典型实例供参考。

2.1.1 典型策略

典型策略 1

力压群雄——霸王策略

策略介绍：

一开始即大举贷款，所筹到的大量资金用于扩大产能，保证产能第一，通过大量投放广告夺取本地市场老大地位，同时随着产品开发的节奏，实现由 P1 产品向 P2、P3 等更高端的主流产品过渡。在竞争中，始终保持主流产品综合销售额第一。后期继续通过大量投放广告争取主流产品最高价市场的老大地位，使企业权益最高，令对手望尘莫及，从而赢得比赛。

运作要点：

运作好此策略的关键有两点：一是资本运作，有效使用长、短期融资手段，使自己有充足的资金用于扩大产能和维持高额的广告费用，并能够承受巨大的还款压力，使资金运转正常，所以此策略对财务总监的要求很高。二是精确预测产能和生产成本，有效预估市场产品需求和订单结构。如何安排产能扩大的节奏，如何实现零库存，如何进行产品组合与市场开发，这些都将决定企业的成败。

评述：

采取霸王策略的团队需要有相当的魄力，敢于破釜沉舟，谨小慎微者不宜采用。此策略的隐患在于，如果资金或广告在某一环节出现失误，则会使企业陷入十分艰难的处境。过大的还款压力和贷款费用，可能会将企业逼上破产的境地。所以，此策略的风险很高，属于高投入、高产出，但高投入并不一定带来高产出。

典型策略 2

忍辱负重——越王策略

策略介绍：

越王策略也可称为迂回策略。采取此策略的企业通常有很大的产能潜力，但由于前期广告运作失误，导致订单过少、销售额过低、产品大量积压、权益大幅下降，处于劣势地位。所以，企业在第二、三年只能维持生计，延缓产品开发计划，或只进行P2产品的开发，以积攒力量，度过危险期。在第四年，企业突然推出P3或P4产品，并配以有效的广告策略，出其不意地攻占对手的薄弱市场。在对手忙于应付时，把P3或P4产品的最高价市场把持在手，不给对手任何机会，最终赢得胜利。

运作要点：

此策略制胜的关键在于后期的广告运作和现金测算。因为要精准地进行广告投放，所以一定要仔细分析对手的情况，找到对手在市场中的薄弱环节，从而以最小的代价夺得市场，降低成本。同时，因为要出"奇兵"（P3或P4产品），而这些产品对现金的要求很高，所以现金预测必须准确。如果到时现金断流，不能完成订单，就会前功尽弃。

评述：

越王策略不是一种主动的策略，多半是在不利的情况下采取的，所以团队成员要有很强的忍耐力与决断力，不能被眼前一时的困难所压倒，要学会将"好钢用在刀刃上"，从而节约开支，降低成本，先图生存，再图胜出。

典型策略3

见风使舵——渔翁策略

策略介绍：

渔翁策略是典型的跟随策略。当市场上有两大实力相当的企业争夺第一时，渔翁策略就派上用场了。在产能方面，要努力跟随前两者的开发节奏，同时在内部努力降低成本，在每次开辟新市场时均采用低广告投入策略，规避风险、稳健经营，在前两者两败俱伤时立即占领市场。

运作要点：

此策略的关键有两点：一是"稳"，即经营过程中一切都要按部就班，广告投入、产能扩大都要循序渐进，真正做到稳扎稳打。二是利用好时机，因为时机是稍纵即逝的，一定要仔细分析对手。

评述：

渔翁策略在比赛中是常见的，但要成功实施，必须做好充分准备，这样才能在机会来临时一下抓住，使对手无法超越。

2.1.2　典型实例

典型实例1

产能领先制胜法

要想产能领先别人，就要扩大生产能力，投资新的生产线。为了缩短生产周期，就要变卖原有的手工生产线，转而投资全自动或柔性生产线。

B公司在第一年上线的P1产品完工入库后陆续变卖了3条手工生产线，在大厂房内投资建设了4条全自动生产线，其他公司则在第一年的生产线投资上显得有些保守。因此，B公司在第二年便建立了产能优势，并利用产能抢市场，投少的广告费接别人因产能不足而不敢接的大单，再建新的生产线，如此形成了良性循环。第三年，B公司在大厂房又建设了1条全自动生产线，并租下小厂房投建了4条全自动生产线。到第四年，B公司形成了9条全自动生产线的产能格局。最终，B公司依靠产能优势取得了胜利。

典型实例2

保权益胜出法

E公司在前两年默默无闻，只投了少量的广告费以销售必要的P1产品，没有发展的迹象，但维持了很高的权益。就在人们为其发展前景担忧时，E公司却在第三年，当别的公司出现权益严重下降、融资困难、陷入发展瓶颈时，利用自己的权益优势获得了大量的短期融资，开发了P2、P3、P4产品，变卖了原有的生产线，并投资建成了6条全自动生产线。第四年，当别的公司步履维艰时，E公司一举收复失地。第五年，E公司更是锦上添花，利用产品组合优势扩大产能，直至第六年胜出。

典型实例3

柔性调节胜出法

柔性线由于其投资费用和折旧费用均较高而不被"行家"看好，但D公司一上来就斥巨资投建了4条柔性线，并把这4条柔性线打造成了自己的核心竞争力，灵活调节生产，灵活广告投放和接单，使自己在各方面都有了更多的余地，既迷惑了对手，也节省了广告费，即用非常少的广告费接到了非常合适的订单，因为有些大单对手因生产不出来而不敢接。最终，D公司赢得了比赛。需要注意的是，此法对生产组织的要求较高，极易出现原料短缺或积压的情况。

"条条大路通罗马。"我们要用开阔的视野审视战略，用创新的头脑制定战略，用严谨的态度执行战略，最后的成功自然水到渠成。

2.2 企业经营过程控制/监督表

操 作 记 录

企业经营过程控制/监督表

_____公司_____职位

第一年运行记录表　　　　　　　　　　单位：件；万元

<table>
<tr><td rowspan="35">第一年度</td><td colspan="16">年初</td></tr>
<tr><td rowspan="3">订单详情</td><td>类型</td><td></td><td></td><td></td><td></td><td></td><td></td><td></td><td></td><td></td><td></td><td></td><td></td><td></td></tr>
<tr><td>数量</td><td></td><td></td><td></td><td></td><td></td><td></td><td></td><td></td><td></td><td></td><td></td><td></td><td></td></tr>
<tr><td>时间</td><td></td><td></td><td></td><td></td><td></td><td></td><td></td><td></td><td></td><td></td><td></td><td></td><td></td></tr>
<tr><td colspan="16">年中</td></tr>
<tr><td colspan="2">主生产计划</td><td colspan="2">第一批</td><td colspan="2">第二批</td><td colspan="2">第三批</td><td colspan="2">第四批</td><td colspan="2">第五批</td><td colspan="2">第六批</td><td>第七批</td></tr>
<tr><td colspan="2">产品种类</td><td colspan="2"></td><td colspan="2"></td><td colspan="2"></td><td colspan="2"></td><td colspan="2"></td><td colspan="2"></td><td></td></tr>
<tr><td colspan="2">产品数量</td><td colspan="2"></td><td colspan="2"></td><td colspan="2"></td><td colspan="2"></td><td colspan="2"></td><td colspan="2"></td><td></td></tr>
<tr><td colspan="2">开始时间</td><td colspan="2"></td><td colspan="2"></td><td colspan="2"></td><td colspan="2"></td><td colspan="2"></td><td colspan="2"></td><td></td></tr>
<tr><td colspan="2">结束时间</td><td colspan="2"></td><td colspan="2"></td><td colspan="2"></td><td colspan="2"></td><td colspan="2"></td><td colspan="2"></td><td></td></tr>
<tr><td colspan="2">需求计划</td><td>数量</td><td>购买到货</td><td>数量</td><td>购买到货</td><td>数量</td><td>购买到货</td><td>数量</td><td>购买到货</td><td>数量</td><td>购买到货</td><td>数量</td><td>购买到货</td><td>数量</td><td>购买　　到货</td></tr>
<tr><td rowspan="4">采购数量</td><td>R1</td><td></td><td></td><td></td><td></td><td></td><td></td><td></td><td></td><td></td><td></td><td></td><td></td><td></td></tr>
<tr><td>R2</td><td></td><td></td><td></td><td></td><td></td><td></td><td></td><td></td><td></td><td></td><td></td><td></td><td></td></tr>
<tr><td>R3</td><td></td><td></td><td></td><td></td><td></td><td></td><td></td><td></td><td></td><td></td><td></td><td></td><td></td></tr>
<tr><td>R4</td><td></td><td></td><td></td><td></td><td></td><td></td><td></td><td></td><td></td><td></td><td></td><td></td><td></td></tr>
<tr><td colspan="2">订单数量</td><td></td><td></td><td></td><td></td><td></td><td></td><td></td><td></td><td></td><td></td><td></td><td></td><td></td></tr>
<tr><td colspan="2">订单时间</td><td></td><td></td><td></td><td></td><td></td><td></td><td></td><td></td><td></td><td></td><td></td><td></td><td></td></tr>
<tr><td rowspan="5">库存</td><td>P1</td><td></td><td></td><td></td><td></td><td></td><td></td><td></td><td></td><td></td><td></td><td></td><td></td><td></td></tr>
<tr><td>P2</td><td></td><td></td><td></td><td></td><td></td><td></td><td></td><td></td><td></td><td></td><td></td><td></td><td></td></tr>
<tr><td>P3</td><td></td><td></td><td></td><td></td><td></td><td></td><td></td><td></td><td></td><td></td><td></td><td></td><td></td></tr>
<tr><td>P4</td><td></td><td></td><td></td><td></td><td></td><td></td><td></td><td></td><td></td><td></td><td></td><td></td><td></td></tr>
<tr><td>P5</td><td></td><td></td><td></td><td></td><td></td><td></td><td></td><td></td><td></td><td></td><td></td><td></td><td></td></tr>
<tr><td rowspan="2">应收账款</td><td>时间</td><td></td><td></td><td></td><td></td><td></td><td></td><td></td><td></td><td></td><td></td><td></td><td></td><td></td></tr>
<tr><td>金额</td><td></td><td></td><td></td><td></td><td></td><td></td><td></td><td></td><td></td><td></td><td></td><td></td><td></td></tr>
</table>

年末统计

剩余资金		厂房价值				种类	数量	过期时间		类型	开发		种类	已开发	未开发
负债总和			P1							国内			P1		
利息			P2		原料库	R1			市场资质	亚洲	产品生产资质		P2		
所得税费用		产品库	P3			R2				国际			P3		
租赁费用			P4			R3				ISO 9000			P4		
应收账款			P5			R4				ISO 14000			P5		

第一年总经理报表

项　目	金额（万元）	备　注
广告费		促销广告（　　）战略广告（　　）
租金		
市场准入投资		国内（　）亚洲（　）国际（　）
产品研发投资		P1（　）P2（　）P3（　）P4（　）P5（　）
ISO认证投资		ISO 9000（　）ISO 14000（　）
信息费		
厂房价值		厂房A（　）厂房B（　）厂房C（　）厂房D（　）

注：填写说明见"1.4.2.7　总经理报表"。

第一年原料统计报表

原　料	库存原料数量（件）	库存原料价值（万元）	零售（含拍卖）收入（万元）	零售（含拍卖）成本（万元）	失效和违约价值（万元）
R1					
R2					
R3					
R4					

注：填写说明见"1.4.3.4　采购总监报表"。

第一年在制品统计报表

在制品	P1	P2	P3	P4	P5
数量（件）					
在制品价值（万元）					

注：填写说明见"1.4.4.6　生产总监报表"。

第一年生产设备统计报表

生产线	手工线	自动线	柔性线
总投资（万元）			
累计折旧（万元）			
在建已投资额（万元）			

注：填写说明见"1.4.4.6　生产总监报表"。

第一年产品统计报表

项　目	数量（件）	订单收入（万元）	违约罚款（万元）	销售成本（万元）	库存产品数量（件）	库存产品价值（万元）
P1						
P2						
P3						
P4						
P5						
小计						

注：填写说明见"1.4.5.5　销售总监报表"。

第一年财务总监报表

资金项目	金额（万元）	备　注
管理费		
设备维护费		
转产及技改费用		
培训费		
基本工资		
财务费用		
本年折旧		
其他支出合计		
现金余额		
应收账款		
应付账款		
长期借款余额		
短期借款余额		
实收资本		
所得税费用		

注：填写说明见"1.4.6.5　财务总监报表"。

综合报表

第一年费用表

单位：万元

序 号	项 目	金 额
1	管理费	
2	广告费	
3	设备维护费	
4	转产及技改费用	
5	租金	
6	市场准入投资	
7	产品研发投资	
8	ISO 认证投资	
9	信息费	
10	培训费	
11	基本工资	
12	费用合计	

注：填写说明见"1.4.1.10 经营报表操作规则"。

第一年利润表

单位：万元

序 号	项 目	金 额
1	营业收入	
2	营业成本	
3	毛利	
4	综合费用	
5	折旧前利润	
6	折旧	
7	支付利息前利润	
8	财务收入/支出	
9	其他收入/支出	
10	利润总额	
11	所得税费用	
12	净利润	

注：填写说明见"1.4.1.10 经营报表操作规则"。

第一年资产负债表　　　　　　　　　　单位：万元

序　号	项　目	期末余额	上年年末余额
1	货币资金		600
2	应收账款		0
3	在制品		0
4	成品		0
5	原料		0
6	流动资产合计		600
7	土地和建筑		0
8	机器与设备		0
9	在建工程		0
10	非流动资产合计		0
11	资产总计		600
12	短期借款		0
13	应付账款		0
14	应交税费		0
15	长期借款		0
16	负债合计		0
17	实收资本		600
18	利润留存		0
19	年度净利润		0
20	所有者权益合计		600
21	负债和所有者权益总计		600

注：填写说明见"1.4.1.10　经营报表操作规则"。

第二年运行记录表　　　　单位：件；万元

年初

订单详情	类型														
	数量														
	时间															

年中

主生产计划	第一批	第二批	第三批	第四批	第五批	第六批	第七批
产品种类							
产品数量							
开始时间							
结束时间							

需求计划	数量	购买	到货	数量	购买	到货	数量	购买	到货	数量	购买	到货	数量	购买	到货	数量	购买	到货	数量	购买	到货
采购数量 R1																					
采购数量 R2																						
采购数量 R3																						
采购数量 R4																						

订单数量							
订单时间							
库存 P1							
库存 P2							
库存 P3							
库存 P4							
库存 P5							
应收账款 时间							
应收账款 金额							

年末统计

剩余资金	厂房价值		原料库	种类	数量	过期时间	市场资质	类型	开发	产品生产资质	种类	已开发	未开发
负债总和		P1						国内			P1		
利息		P2		R1				亚洲			P2		
所得税费用	产品库	P3		R2				国际			P3		
租赁费用		P4		R3				ISO 9000			P4		
应收账款		P5		R4				ISO 14000			P5		

（本表左侧纵向标注：第二年度）

第二年总经理报表

项　目	金额（万元）	备　注
广告费		促销广告（　　） 战略广告（　　　　）
租金		
市场准入投资		国内（　　） 亚洲（　　　） 国际（　　　）
产品研发投资		P1（　　）P2（　　　）P3（　　　）P4（　　　）P5（　　　）
ISO认证投资		ISO 9000（　　） ISO 14000（　　　）
信息费		
厂房价值		厂房A（　　） 厂房B（　　　） 厂房C（　　　） 厂房D（　　　）

注：填写说明见"1.4.2.7　总经理报表"。

第二年原料统计报表

原　料	库存原料数量（件）	库存原料价值（万元）	零售（含拍卖）收入（万元）	零售（含拍卖）成本（万元）	失效和违约价值（万元）
R1					
R2					
R3					
R4					

注：填写说明见"1.4.3.4　采购总监报表"。

第二年在制品统计报表

在制品	P1	P2	P3	P4	P5
数量（件）					
在制品价值（万元）					

注：填写说明见"1.4.4.6　生产总监报表"。

第二年生产设备统计报表

生产线	手工线	自动线	柔性线
总投资（万元）			
累计折旧（万元）			
在建已投资额（万元）			

注：填写说明见"1.4.4.6　生产总监报表"。

第二年产品统计报表

项　目	数量（件）	订单收入（万元）	违约罚款（万元）	销售成本（万元）	库存产品数量（件）	库存产品价值（万元）
P1						
P2						
P3						
P4						
P5						
小计						

注：填写说明见"1.4.5.5　销售总监报表"。

第二年财务总监报表

资金项目	金额（万元）	备　注
管理费		
设备维护费		
转产及技改费用		
培训费		
基本工资		
财务费用		
本年折旧		
其他支出合计		
现金余额		
应收账款		
应付账款		
长期借款余额		
短期借款余额		
实收资本		
所得税费用		

注：填写说明见"1.4.6.5　财务总监报表"。

综合报表

第二年费用表　　　　　　　　单位：万元

序　号	项　目	金　额
1	管理费	
2	广告费	
3	设备维护费	
4	转产及技改费用	
5	租金	
6	市场准入投资	
7	产品研发投资	
8	ISO 认证投资	
9	信息费	
10	培训费	
11	基本工资	
12	费用合计	

注：填写说明见"1.4.1.10　经营报表操作规则"。

第二年利润表　　　　　　　　单位：万元

序　号	项　目	金　额
1	营业收入	
2	营业成本	
3	毛利	
4	综合费用	
5	折旧前利润	
6	折旧	
7	支付利息前利润	
8	财务收入/支出	
9	其他收入/支出	
10	利润总额	
11	所得税费用	
12	净利润	

注：填写说明见"1.4.1.10　经营报表操作规则"。

第二年资产负债表   单位：万元

序 号	项 目	期末余额	上年年末余额
1	货币资金		
2	应收账款		
3	在制品		
4	成品		
5	原料		
6	流动资产合计		
7	土地和建筑		
8	机器与设备		
9	在建工程		
10	非流动资产合计		
11	资产总计		
12	短期借款		
13	应付账款		
14	应交税费		
15	长期借款		
16	负债合计		
17	实收资本		
18	利润留存		
19	年度净利润		
20	所有者权益合计		
21	负债和所有者权益总计		

注：填写说明见"1.4.1.10 经营报表操作规则"。

第三年运行记录表　　　　　　　　　　单位：件；万元

年初															
订单详情	类型														
	数量														
	时间														

年中															
主生产计划	第一批		第二批		第三批		第四批		第五批		第六批		第七批		
产品种类															
产品数量															
开始时间															
结束时间															
需求计划	数量	购买	到货	数量	购买	到货	数量	购买	到货	数量	购买	到货	数量	购买	到货

第三年度

采购数量	R1													
	R2													
	R3													
	R4													
订单数量														
订单时间														
库存	P1													
	P2													
	P3													
	P4													
	P5													
应收账款	时间													
	金额													

年末统计

剩余资金		厂房价值		种类	数量	过期时间		类型	开发		种类	已开发	未开发
负债总和		P1						国内			P1		
利息		P2		原料库	R1		市场资质	亚洲		产品生产资质	P2		
所得税费用		P3 产品库			R2			国际			P3		
租赁费用		P4			R3			ISO 9000			P4		
应收账款		P5			R4			ISO 14000			P5		

第三年总经理报表

项　目	金额（万元）	备　注
广告费		促销广告（　　）战略广告（　　）
租金		
市场准入投资		国内（　　）亚洲（　　）国际（　　）
产品研发投资		P1（　　）P2（　　）P3（　　）P4（　　）P5（　　）
ISO认证投资		ISO 9000（　　）ISO 14000（　　）
信息费		
厂房价值		厂房A（　　）厂房B（　　）厂房C（　　）厂房D（　　）

注：填写说明见"1.4.2.7　总经理报表"。

第三年原料统计报表

原　料	库存原料数量（件）	库存原料价值（万元）	零售（含拍卖）收入（万元）	零售（含拍卖）成本（万元）	失效和违约价值（万元）
R1					
R2					
R3					
R4					

注：填写说明见"1.4.3.4　采购总监报表"。

第三年在制品统计报表

在制品	P1	P2	P3	P4	P5
数量（件）					
在制品价值（万元）					

注：填写说明见"1.4.4.6　生产总监报表"。

第三年生产设备统计报表

生产线	手工线	自动线	柔性线
总投资（万元）			
累计折旧（万元）			
在建已投资额（万元）			

注：填写说明见"1.4.4.6　生产总监报表"。

第三年产品统计报表

项　目	数量 （件）	订单收入 （件）	违约罚款 （件）	销售成本 （件）	库存产品数量 （件）	库存产品价值 （万元）
P1						
P2						
P3						
P4						
P5						
小计						

注：填写说明见"1.4.5.5　销售总监报表"。

第三年财务总监报表

资金项目	金额（万元）	备　注
管理费		
设备维护费		
转产及技改费用		
培训费		
基本工资		
财务费用		
本年折旧		
其他支出合计		
现金余额		
应收账款		
应付账款		
长期借款余额		
短期借款余额		
实收资本		
所得税费用		

注：填写说明见"1.4.6.5　财务总监报表"。

综合报表

第三年费用表

单位：万元

序　号	项　目	金　额
1	管理费	
2	广告费	
3	设备维护费	
4	转产及技改费用	
5	租金	
6	市场准入投资	
7	产品研发投资	
8	ISO 认证投资	
9	信息费	
10	培训费	
11	基本工资	
12	费用合计	

注：填写说明见"1.4.1.10　经营报表操作规则"。

第三年利润表

单位：万元

序　号	项　目	金　额
1	营业收入	
2	营业成本	
3	毛利	
4	综合费用	
5	折旧前利润	
6	折旧	
7	支付利息前利润	
8	财务收入/支出	
9	其他收入/支出	
10	利润总额	
11	所得税费用	
12	净利润	

注：填写说明见"1.4.1.10　经营报表操作规则"。

第三年资产负债表　　　　　　　　　　　　单位：万元

序　号	项　目	期末余额	上年年末余额
1	货币资金		
2	应收账款		
3	在制品		
4	成品		
5	原料		
6	流动资产合计		
7	土地和建筑		
8	机器与设备		
9	在建工程		
10	非流动资产合计		
11	资产总计		
12	短期借款		
13	应付账款		
14	应交税费		
15	长期借款		
16	负债合计		
17	实收资本		
18	利润留存		
19	年度净利润		
20	所有者权益合计		
21	负债和所有者权益总计		

注：填写说明见"1.4.1.10　经营报表操作规则"。

第四年运行记录表　　　　　　　　单位：件；万元

年初								
订单详情	类型							
	数量							
	时间							

年中							
主生产计划	第一批	第二批	第三批	第四批	第五批	第六批	第七批
产品种类							
产品数量							
开始时间							
结束时间							

需求计划	数量	购买	到货	数量	购买	到货	数量	购买	到货	数量	购买	到货	数量	购买	到货	数量	购买	到货	数量	购买	到货
采购数量 R1																					
采购数量 R2																					
采购数量 R3																					
采购数量 R4																					
订单数量																					
订单时间																					
库存 P1																					
库存 P2																					
库存 P3																					
库存 P4																					
库存 P5																					
应收账款 时间																					
应收账款 金额																					

（左侧纵向标注：第四年度）

年末统计

剩余资金		厂房价值			种类	数量	过期时间		类型	开发		种类	已开发	未开发
负债总和			P1						国内			P1		
利息			P2		原料库 R1			市场资质	亚洲		产品生产资质	P2		
所得税费用		产品库	P3		原料库 R2				国际			P3		
租赁费用			P4		原料库 R3				ISO 9000			P4		
应收账款			P5		原料库 R4				ISO 14000			P5		

第四年总经理报表

项　目	金额（万元）	备　注
广告费		促销广告（　　）　战略广告（　　　）
租金		
市场准入投资		国内（　　）　亚洲（　　）　国际（　　　）
产品研发投资		P1（　　）P2（　　）P3（　　）P4（　　）P5（　　）
ISO认证投资		ISO 9000（　　）　ISO 14000（　　）
信息费		
厂房价值		厂房A（　　）　厂房B（　　）　厂房C（　　）　厂房D（　　）

注：填写说明见"1.4.2.7　总经理报表"。

第四年原料统计报表

原　料	库存原料数量（件）	库存原料价值（万元）	零售（含拍卖）收入（万元）	零售（含拍卖）成本（万元）	失效和违约价值（万元）
R1					
R2					
R3					
R4					

注：填写说明见"1.4.3.4　采购总监报表"。

第四年在制品统计报表

在制品	P1	P2	P3	P4	P5
数量（件）					
在制品价值（万元）					

注：填写说明见"1.4.4.6　生产总监报表"。

第四年生产设备统计报表

生产线	手工线	自动线	柔性线
总投资（万元）			
累计折旧（万元）			
在建已投资额（万元）			

注：填写说明见"1.4.4.6　生产总监报表"。

第四年产品统计报表

项　目	数量（件）	订单收入（万元）	违约罚款（万元）	销售成本（万元）	库存产品数量（件）	库存产品价值（万元）
P1						
P2						
P3						
P4						
P5						
小计						

注：填写说明见"1.4.5.5　销售总监报表"。

第四年财务总监报表

资金项目	金额（万元）	备　注
管理费		
设备维护费		
转产及技改费用		
培训费		
基本工资		
财务费用		
本年折旧		
其他支出合计		
现金余额		
应收账款		
应付账款		
长期借款余额		
短期借款余额		
实收资本		
所得税费用		

注：填写说明见"1.4.6.5　财务总监报表"。

综合报表

第四年费用表

单位：万元

序　号	项　目	金　额
1	管理费	
2	广告费	
3	设备维护费	
4	转产及技改费用	
5	租金	
6	市场准入投资	
7	产品研发投资	
8	ISO 认证投资	
9	信息费	
10	培训费	
11	基本工资	
12	费用合计	

注：填写说明见"1.4.1.10　经营报表操作规则"。

第四年利润表

单位：万元

序　号	项　目	金　额
1	营业收入	
2	营业成本	
3	毛利	
4	综合费用	
5	折旧前利润	
6	折旧	
7	支付利息前利润	
8	财务收入/支出	
9	其他收入/支出	
10	利润总额	
11	所得税费用	
12	净利润	

注：填写说明见"1.4.1.10　经营报表操作规则"。

第四年资产负债表　　　　　　　　　　单位：万元

序　号	项　　目	期末余额	上年年末余额
1	货币资金		
2	应收账款		
3	在制品		
4	成品		
5	原料		
6	流动资产合计		
7	土地和建筑		
8	机器与设备		
9	在建工程		
10	非流动资产合计		
11	资产总计		
12	短期借款		
13	应付账款		
14	应交税费		
15	长期借款		
16	负债合计		
17	实收资本		
18	利润留存		
19	年度净利润		
20	所有者权益合计		
21	负债和所有者权益总计		

注：填写说明见"1.4.1.10　经营报表操作规则"。

第五年运行记录表　　　　　单位：件；万元

<table>
<tr><td rowspan="4">第五年度</td><td colspan="16" align="center">年初</td></tr>
<tr><td rowspan="3">订单详情</td><td>类型</td><td colspan="14"></td></tr>
<tr><td>数量</td><td colspan="14"></td></tr>
<tr><td>时间</td><td colspan="14"></td></tr>
</table>

年中

主生产计划	第一批	第二批	第三批	第四批	第五批	第六批	第七批
产品种类							
产品数量							
开始时间							
结束时间							

<table>
<tr><td colspan="2">需求计划</td><td>数量</td><td>购买</td><td>到货</td><td>数量</td><td>购买</td><td>到货</td><td>数量</td><td>购买</td><td>到货</td><td>数量</td><td>购买</td><td>到货</td><td>数量</td><td>购买</td><td>到货</td><td>数量</td><td>购买</td><td>到货</td><td>数量</td><td>购买</td><td>到货</td></tr>
<tr><td rowspan="4">采购数量</td><td>R1</td><td></td><td></td><td></td><td></td><td></td><td></td><td></td><td></td><td></td><td></td><td></td><td></td><td></td><td></td><td></td><td></td><td></td><td></td><td></td><td></td><td></td></tr>
<tr><td>R2</td><td></td><td></td><td></td><td></td><td></td><td></td><td></td><td></td><td></td><td></td><td></td><td></td><td></td><td></td><td></td><td></td><td></td><td></td><td></td><td></td><td></td></tr>
<tr><td>R3</td><td></td><td></td><td></td><td></td><td></td><td></td><td></td><td></td><td></td><td></td><td></td><td></td><td></td><td></td><td></td><td></td><td></td><td></td><td></td><td></td><td></td></tr>
<tr><td>R4</td><td></td><td></td><td></td><td></td><td></td><td></td><td></td><td></td><td></td><td></td><td></td><td></td><td></td><td></td><td></td><td></td><td></td><td></td><td></td><td></td><td></td></tr>
<tr><td colspan="2">订单数量</td><td colspan="21"></td></tr>
<tr><td colspan="2">订单时间</td><td colspan="21"></td></tr>
<tr><td rowspan="5">库存</td><td>P1</td><td colspan="21"></td></tr>
<tr><td>P2</td><td colspan="21"></td></tr>
<tr><td>P3</td><td colspan="21"></td></tr>
<tr><td>P4</td><td colspan="21"></td></tr>
<tr><td>P5</td><td colspan="21"></td></tr>
<tr><td rowspan="2">应收账款</td><td>时间</td><td colspan="21"></td></tr>
<tr><td>金额</td><td colspan="21"></td></tr>
</table>

年末统计

<table>
<tr><td>剩余资金</td><td></td><td>厂房价值</td><td></td><td></td><td>种类</td><td>数量</td><td>过期时间</td><td></td><td>类型</td><td>开发</td><td></td><td>种类</td><td>已开发</td><td>未开发</td></tr>
<tr><td>负债总和</td><td></td><td rowspan="5">产品库</td><td>P1</td><td></td><td rowspan="5">原料库</td><td rowspan="5"></td><td rowspan="5"></td><td rowspan="5"></td><td>国内</td><td></td><td rowspan="5">产品生产资质</td><td>P1</td><td></td><td></td></tr>
<tr><td>利息</td><td></td><td>P2</td><td></td><td>亚洲</td><td></td><td>P2</td><td></td><td></td></tr>
<tr><td>所得税费用</td><td></td><td>P3</td><td></td><td>国际</td><td></td><td>P3</td><td></td><td></td></tr>
<tr><td>租赁费用</td><td></td><td>P4</td><td></td><td>ISO 9000</td><td></td><td>P4</td><td></td><td></td></tr>
<tr><td>应收账款</td><td></td><td>P5</td><td></td><td>ISO 14000</td><td></td><td>P5</td><td></td><td></td></tr>
</table>

第五年总经理报表

项　目	金额（万元）	备　注
广告费		促销广告（　　） 战略广告（　　）
租金		
市场准入投资		国内（　　） 亚洲（　　） 国际（　　）
产品研发投资		P1（　） P2（　） P3（　） P4（　） P5（　）
ISO认证投资		ISO 9000（　） ISO 14000（　）
信息费		
厂房价值		厂房A（　） 厂房B（　） 厂房C（　） 厂房D（　）

注：填写说明见"1.4.2.7　总经理报表"。

第五年原料统计报表

原　料	库存原料数量（件）	库存原料价值（万元）	零售（含拍卖）收入（万元）	零售（含拍卖）成本（万元）	失效和违约价值（万元）
R1					
R2					
R3					
R4					

注：填写说明见"1.4.3.4　采购总监报表"。

第五年在制品统计报表

在制品	P1	P2	P3	P4	P5
数量（件）					
在制品价值（万元）					

注：填写说明见"1.4.4.6　生产总监报表"。

第五年生产设备统计报表

生产线	手工线	自动线	柔性线
总投资（万元）			
累计折旧（万元）			
在建已投资额（万元）			

注：填写说明见"1.4.4.6　生产总监报表"。

第五年产品统计报表

项　　目	数量（件）	订单收入（万元）	违约罚款（万元）	销售成本（万元）	库存产品数量（件）	库存产品价值（万元）
P1						
P2						
P3						
P4						
P5						
小计						

注：填写说明见"1.4.5.5　销售总监报表"。

第五年财务总监报表

资金项目	金额（万元）	备　注
管理费		
设备维护费		
转产及技改费用		
培训费		
基本工资		
财务费用		
本年折旧		
其他支出合计		
现金余额		
应收账款		
应付账款		
长期借款余额		
短期借款余额		
实收资本		
所得税费用		

注：填写说明见"1.4.6.5　财务总监报表"。

综合报表

第五年费用表

单位：万元

序　号	项　目	金　额
1	管理费	
2	广告费	
3	设备维护费	
4	转产及技改费用	
5	租金	
6	市场准入投资	
7	产品研发投资	
8	ISO 认证投资	
9	信息费	
10	培训费	
11	基本工资	
12	费用合计	

注：填写说明见"1.4.1.10　经营报表操作规则"。

第五年利润表

单位：万元

序　号	项　目	金　额
1	营业收入	
2	营业成本	
3	毛利	
4	综合费用	
5	折旧前利润	
6	折旧	
7	支付利息前利润	
8	财务收入/支出	
9	其他收入/支出	
10	利润总额	
11	所得税费用	
12	净利润	

注：填写说明见"1.4.1.10　经营报表操作规则"。

第五年资产负债表   单位：万元

序 号	项 目	期末余额	上年年末余额
1	货币资金		
2	应收账款		
3	在制品		
4	成品		
5	原料		
6	流动资产合计		
7	土地和建筑		
8	机器与设备		
9	在建工程		
10	非流动资产合计		
11	资产总计		
12	短期借款		
13	应付账款		
14	应交税费		
15	长期借款		
16	负债合计		
17	实收资本		
18	利润留存		
19	年度净利润		
20	所有者权益合计		
21	负债和所有者权益总计		

注：填写说明见"1.4.1.10 经营报表操作规则"。

第六年运行记录表　　　　　　　　　　单位：件；万元

		年初													
订单详情	类型														
	数量														
	时间														

年中															
主生产计划	第一批		第二批		第三批		第四批		第五批		第六批		第七批		
产品种类															
产品数量															
开始时间															
结束时间															
需求计划	数量	购买	到货	数量	购买	到货	数量	购买	到货	数量	购买	到货	数量	购买	到货

采购数量 R1 R2 R3 R4

订单数量 / 订单时间

库存 P1 P2 P3 P4 P5

应收账款 时间 / 金额

年末统计											
剩余资金		厂房价值			种类	数量	过期时间	类型	开发	种类	已开发	未开发
负债总和			P1					国内		产品生产资质	P1	
利息			P2	原料库	R1			亚洲			P2	
所得税费用	产品库	P3		R2			国际			P3	
租赁费用			P4		R3			ISO 9000			P4	
应收账款			P5		R4			ISO 14000			P5	

第六年总经理报表

项 目	金额（万元）	备 注
广告费		促销广告（ ） 战略广告（ ）
租金		
市场准入投资		国内（ ） 亚洲（ ） 国际（ ）
产品研发投资		P1（ ） P2（ ） P3（ ） P4（ ） P5（ ）
ISO认证投资		ISO 9000（ ） ISO 14000（ ）
信息费		
厂房价值		厂房A（ ） 厂房B（ ） 厂房C（ ） 厂房D（ ）

注：填写说明见"1.4.2.7 总经理报表"。

第六年原料统计报表

原 料	库存原料数量（件）	库存原料价值（万元）	零售（含拍卖）收入（万元）	零售（含拍卖）成本（万元）	失效和违约价值（万元）
R1					
R2					
R3					
R4					

注：填写说明见"1.4.3.4 采购总监报表"。

第六年在制品统计报表

在制品	P1	P2	P3	P4	P5
数量（件）					
在制品价值（万元）					

注：填写说明见"1.4.4.6 生产总监报表"。

第六年生产设备统计报表

生产线	手工线	自动线	柔性线
总投资（万元）			
累计折旧（万元）			
在建已投资额（万元）			

注：填写说明见"1.4.4.6 生产总监报表"。

第六年产品统计报表

项　目	数量 （件）	订单收入 （万元）	违约罚款 （万元）	销售成本 （万元）	库存产品数 量（件）	库存产品价值 （万元）
P1						
P2						
P3						
P4						
P5						
小计						

注：填写说明见"1.4.5.5　销售总监报表"。

第六年财务总监报表

资金项目	金额（万元）	备　注
管理费		
设备维护费		
转产及技改费用		
培训费		
基本工资		
财务费用		
本年折旧		
其他支出合计		
现金余额		
应收账款		
应付账款		
长期借款余额		
短期借款余额		
实收资本		
所得税费用		

注：填写说明见"1.4.6.5　财务总监报表"。

综合报表

第六年费用表
单位：万元

序　号	项　目	金　额
1	管理费	
2	广告费	
3	设备维护费	
4	转产及技改费用	
5	租金	
6	市场准入投资	
7	产品研发投资	
8	ISO 认证投资	
9	信息费	
10	培训费	
11	基本工资	
12	费用合计	

注：填写说明见"1.4.1.10　经营报表操作规则"。

第六年利润表
单位：万元

序号	项目	金额
1	营业收入	
2	营业成本	
3	毛利	
4	综合费用	
5	折旧前利润	
6	折旧	
7	支付利息前利润	
8	财务收入/支出	
9	其他收入/支出	
10	利润总额	
11	所得税费用	
12	净利润	

注：填写说明见"1.4.1.10　经营报表操作规则"。

第六年资产负债表　　　　　　　　　单位：万元

序　号	项　　目	期末余额	上年年末余额
1	货币资金		
2	应收账款		
3	在制品		
4	成品		
5	原料		
6	流动资产合计		
7	土地和建筑		
8	机器与设备		
9	在建工程		
10	非流动资产合计		
11	资产总计		
12	短期借款		
13	应付账款		
14	应交税费		
15	长期借款		
16	负债合计		
17	实收资本		
18	利润留存		
19	年度净利润		
20	所有者权益合计		
21	负债和所有者权益总计		

注：填写说明见"1.4.1.10　经营报表操作规则"。

第三篇
总结篇

只有善于思考和总结的人，才能获得最大的收获与提高。

3.0 开篇语

竞赛的过程是热闹的，但真正的收获与提高是在竞赛后的总结和交流中。经过了模拟 6 年的经营后，及时、认真地总结、反思是必要的。赢要知道赢在哪，输也要知道输在哪。不知道赢在哪不是真正的赢，只能说是"瞎猫碰上了死耗子"。赢者也会有失误的地方，输者也会有精彩的地方。只有能够挖掘出成败背后的原因的人，才是真正的赢家。如果受训者能在模拟操作的基础上进行深刻的反思与总结，不仅知道赢在哪还知道为什么会赢，不仅知道输在哪还知道为什么会输，就会学到知识、获得提升，这样不管赢与输，都是赢家——真正的赢家。

竞赛从来都不是目的，通过竞赛最大限度地发挥自己，得到最大的锻炼，才是最有价值的。从这个角度来说，只要你尽了最大的努力，不管你赢了还是输了，你都是赢家。竞赛带给我们的是启迪，是思考。只有实践才能真正检验出我们学到了什么，才能真正超越自己。

竞赛结束后，你肯定有很多感想，知识和技能也装了一箩筐，虽然可能仅仅是知识点。你可能会有些许遗憾，因为总是匆忙行动而来不及运用刚学到的知识，或是想当然地认为应该怎么做而忽略了本竞赛的市场规则和企业运行规则，导致经营出错或竞赛失利。你可能还有一个小小的愿望：假如可以重新来……

那么，就开动你的脑筋，拿起你的笔，记录下你的反思和总结吧！

本篇还增加了 5 篇阅读文章（均以电子版形式在网上免费提供），分别是《全面认识战略与战略决策》《跑马圈地，以快制胜的误区》《关于新兴寿险公司的战略选择》《融到巨资奈何反招危机》《新华 VS 友邦：重视战略管理的方法论》，供受训者总结提高时参考。

3.1 受训者日常记录

　　成长在于积累。笔记是积累的一种方式，这种方式最笨，也最有效。笔记记录了你的发现、你的感悟、你的成长。把这些内容收集起来，它们是你的财富，是你永久的珍藏。

第一年

1.学会了什么？

2.企业经营中较顺利的环节是什么？

3.企业经营中遇到的困难是什么？

4.下一年将如何改进？

第二年

1.学会了什么？
2.企业经营中较顺利的环节是什么？
3.企业经营中遇到的困难是什么？
4.下一年将如何改进？

第三年

1.学会了什么？

2.企业经营中较顺利的环节是什么？

3.企业经营中遇到的困难是什么？

4.下一年将如何改进？

第四年

1.学会了什么？

2.企业经营中较顺利的环节是什么？

3.企业经营中遇到的困难是什么？

4.下一年将如何改进？

第五年

1.学会了什么？

2.企业经营中较顺利的环节是什么？

3.企业经营中遇到的困难是什么？

4.下一年将如何改进？

第六年

1.你对经营成果满意吗？为什么？

2.本次训练中你有什么遗憾？

3.本次训练中你有什么经验和大家分享？

4.你对自己的团队有什么希望和建议？

3.2　对经营规划的再思考

企业经营的本质是盈利，那么我们不妨从"如何盈利"入手，逐级对以下问题进行探讨：

（1）利润不足是成本过高还是销售不足？

（2）如果是成本过高，找出控制成本的有效方法。

（3）如果是销售不足，分析是什么原因造成的。

（4）如果企业所处行业已经没有利润空间，考虑尽早进行行业调整。

（5）如果通过市场分析，感觉企业的细分市场不够大，要么增加市场投入，要么重新定位。

（6）如果既不是行业的问题，也不是市场的问题，那么问题应该出在管理上，这就需要细化管理，从内部改进。

（不够可另附页）

知识链接3-1

企业经营分析——基于企业战略的视角

在沙盘模拟经营过程中，企业经过几年的经营，会出现不同的状态，有的高歌猛进，有的步履维艰，有的甚至已经破产倒闭……为什么会产生如此不同的结果呢？下面我们从企业战略的视角来做一个简要分析。

企业战略描述了一个企业打算如何实现自己的目标和使命。为什么需要战略，根本原因是资源有限，如何让有限的资源产生最大的效益，就是企业战略要解决的问题。企业战略分析的实质在于通过对企业自身以及企业所在行业或企业拟进入行业的分析，明确企业的定位及应采取的竞争策略，以权衡收益与风险，了解和掌握企业的发展潜力，特别是在企业价值创造或盈利方面的潜力。企业战略分析的内容主要包括企业自身的优劣势分析、外部环境如行业的机会与威胁分析，以及竞争策略的选择等。

对于沙盘模拟经营而言，企业的初始状态是一样的，但不同的经营团队对风险的认识和承受能力是不同的，因此所进入的市场和所研发的产品也有所不同。当然，如果你的资源足够多，则你可以开辟所有的市场和研发所有的产品，但非常不幸的是，你的资源不够！如果你从一开始就开发所有的产品，同时开辟所有的市场，那么你一定会因为现金断流而破产倒闭。这就是我们所说的资源有限，这也是我们需要战略的根本原因。你需要做出选择！

企业竞争策略主要包括低成本、差异化和专业化3种。由于系统的限制，在沙盘模拟经营过程中主要涉及低成本和差异化两种策略。选择何种策略，直接决定了企业产品的毛利空间，进而决定了企业在营销、融资、市场开发等方面的投入力度。

产品毛利＝产品价格－产品直接成本

产品毛利率＝产品毛利÷产品价格

在沙盘模拟经营过程中，各经营团队将面临5个市场（本地、区域、国内、亚洲、国家）和P系列5种产品（P1、P2、P3、P4、P5）。在不同的市场和不同的阶段，P系列5种产品的价格和市场需求量是不同的。为此，企业在制定市场开发战略时，应结合产品开发策略和企业生产能力进行综合考虑。

比如，企业重点生产P4产品，如果区域、国内和亚洲市场对P4产品的需求量很大，而国际市场对P4产品的需求量很小，那么企业应该回避国际市场，重点占领区域、国内和亚洲市场。

在实训过程中，我们看到很多团队在经营之初同时申请ISO 9000及ISO 14000两项认证，后期却仍然以P系列低端产品为主要产品，从而造成了认证成本的浪费，影响了企业利润。

因此，企业必须及早确定竞争战略，并根据竞争对手的策略、市场环境的变化进行调整，在总经理的带领下将竞争策略渗透到企业的运行过程中。各经营团队在实训结束后，应该回顾对企业战略的把握情况，分析得失。

知识链接 3-2

企业经营分析——基于企业营销的视角

谁拥有市场，谁就拥有了主动权；而市场的获得又与各经营团队的市场分析和广告营销计划相关，并且要与生产相适应。下面我们简要分析广告投入产出比和市场占有率两项指标。

1.广告投入产出比

广告投入产出比是评价广告投入效率的指标。其计算公式为：

广告投入产出比=订单销售额÷广告费投入

广告投入产出比越大，说明企业的广告投放效率越高。这个指标能够告诉经营者本企业与竞争对手之间在广告投入策略上的差距，以警示经营者要深入分析市场和竞争对手，进而寻求取胜的突破口。

2.市场占有率

市场占有率表明了企业在市场中的地位。其计算公式为：

市场占有率=企业在某一特定市场的销售额÷该市场需求总额

市场占有率越高，说明企业产品的销售情况越好。在产能允许的情况下，企业应尽可能地提高市场占有率。在企业的产、供、销各环节中，销售具有特别重要的意义，只有实现了销售，才能回笼资金、获得利润，才能完成一个完整的资金循环过程。

在沙盘模拟实训过程中，市场占有率高的企业可以在下一年度用较低的广告费用实现高额销售收入，经营团队至少要在某一个市场中牢牢占据市场领袖的地位，才有获胜的可能。

需要注意的是，以上两个指标应该结合在一起分析。如果一个企业只有广告投入产出比高，但市场占有率不高，并不是一个好现象。只有两个指标都高，才是好状态。

知识链接 3-3

企业经营分析——基于企业运行的视角

企业对资产的利用能力和利用效率从根本上决定了企业的经营状况和经济效益。资产周转速度越快，表明企业资产利用效率越高；反之，则表明企业资产利用效率越低。

评价企业营运能力常用的指标有存货周转率、应收账款周转率、流动资产周转率、固定资产周转率、总资产周转率等。下面我们主要介绍其中三个指标。

1.存货周转率

企业以货币资金购入生产经营所需材料，形成原材料存货；然后将原材料投入生产过程中进行加工，形成在制品存货；加工结束后则形成产品存货。企业通过销售取得货币资金，表示存货的一个循环完成。当存货从一种形态较快转化为另一种形态时，说明存货的周转速度较快。存货周转率是衡量企业销售能力及存货管理水平的综合性指标。其计算公式为：

存货周转率＝营业成本÷存货平均余额

存货平均余额＝（期初存货+期末存货）÷2

公式中的"营业成本"可从利润表中直接获得，期初存货与期末存货均可从资产负债表中由在制品、成品和原料三项相加所得。一般来说，存货周转率高，说明存货的占用水平低，流动性强，产品积压少，存货转化为现金和应收账款的速度快；存货周转率低，说明企业经营不善，产品滞销。当然，过高的存货周转率也可能说明企业的经营管理出现了问题，如存货水平不足，导致缺货或原材料供应不足；采购批量较小，导致生产线闲置等。

2.应收账款周转率

应收账款周转率是评价应收账款流动性的一个重要财务比率，是企业一定时期内赊销收入净额和应收账款平均余额的比率。其计算公式为：

应收账款周转率＝赊销收入净额÷应收账款平均余额

应收账款平均余额＝（期初应收账款余额+期末应收账款余额）÷2

公式中的"赊销收入净额"即利润表中的营业收入，期初及期末应收账款余额可从资产负债表中的应收账款项获得。该比率说明了年度内应收账款转化为现金的平均次数，反映了应收账款的变现速度和企业的收账效率。

在争取订单的过程中，应收账款的账期也是一个重要的考量标准。在销售额相同的情况下，应当选择账期短的订单。总经理应该及早与财务总监沟通预案，进行取舍，避免账期过长带来额外的筹资成本，甚至使企业陷入财务困境。

3.固定资产周转率

固定资产周转率也称固定资产利用率，用以反映企业固定资产的周转效率。其计算公式如下：

固定资产周转率＝营业收入÷固定资产平均余额

固定资产平均净值＝（期初固定资产余额+期末固定资产余额）÷2

公式中的"营业收入"可从利润表中获得，期初固定资产余额和期末固定资产余额取自资产负债表中非流动资产合计项。该指标主要用于对厂房、设备等固定资产的利用效率进行分析。

对固定资产的分析评价应当综合考虑各种因素：如果经营团队在期初变卖厂房进行融资，则固定资产平均余额自然会比较低；使用自动线或柔性线较多的团队，其固定资产平均余额会高出平均水平。如果生产线昂贵，且没有取得预期的收入，则会导致固定资产周转率较低，说明企业的经营管理存在较大的问题。

3.3 改进工作的思路

1）扩大销售

（1）提高产品和服务的质量，增加客户满意度。

（2）提供附加服务。

（3）市场渗透。

（4）开拓新市场。

（5）研发新产品、新技术。

（6）加强企业品牌宣传，改善企业及产品形象。

（7）集中资源，重点投放。

（8）并行工程。

（9）改造生产设备，提高产能。

（10）提高设备利用率。

……

2）降低成本

（1）消除生产过程中的一切浪费。

（2）考虑替代料。

（3）考虑委外加工。

（4）节约资源。

（5）寻求合作。

（6）规模化、标准化。

……

3.4　受训者总结

受训者总结提纲：

（1）简要描述所在企业的经营状况。

（2）分析所在企业成败的关键及原因。

（3）总结所担任角色的得与失。

（4）对所在企业下一步的发展提出意见和建议。

（不够可另附页）

3.5　经营竞赛交流

　　学习别人的长处，弥补自己的短处。各组派代表进行经营总结交流，不一定都是总经理，也可以是财务总监、销售总监、生产总监等不同角色；同时，允许其他人发言，作为补充。

（不够可另附页）

3.6　指导教师点评与分析

记录：

（不够可另附页）

3.7　参加大赛人员心得分享

学到精彩，体会残酷
盛明辉

ERP沙盘大赛通过直观的企业经营沙盘来模拟企业运行状况，让队员在分析市场、制定战略、组织生产、整体营销和财务管理等一系列活动中体会企业经营运作的全过程，认识到企业资源的有限性，从而深刻理解ERP的管理思想，领悟科学的管理规律，提升管理能力，同时真切地体会市场竞争的精彩与残酷，提前感受未来的财富人生，从而在以后的竞争中比别人多一些筹码，多一份从容和自信。

这个世界唯一不变的就是变化

曾经，许多ERP沙盘初学者都在苦苦思索一个问题：到底有没有一种战略可以确保我们常胜不败呢？然而，无数次实践证明，没有哪一种战略可以保证我们在任何时间、任何地点战胜任何对手。就战略本身而言，没有好坏与强弱之分（请参考阅读文章：《全面认识战略与战略决策》）。我们用此战略获得了这次比赛的胜利，下次比赛面对不同的竞争对手、不同的市场环境，它就很有可能不再有效。因此，我们在比赛中制定战略时，一定要随着对手和环境的变化而变化。有关战略，适合的才是最好的。

小公司的战略就两个词：活下来，挣钱！

先求生存，再求发展，这是所有企业必须遵循的规律。企业在开始运行阶段虽然有一定的盈利，但并不是很高，生存能力也不是很强。因此，在制定发展战略时，一定要与企业的实际相结合，保持适当的发展速度；否则，大举投入，全面开花，就会使不高的权益急剧下降，财务状况严重恶化，从而使企业陷入困境，甚至破产。这就是关于企业发展的"度"的问题（请参考阅读文章：《跑马圈地，以快制胜的误区》）。

企业战略的核心和重点在于保证企业发展过程中人、财、物的平衡与统一。具体而言，我们在制定战略时，既要反对裹足不前，又要反对盲目冒进，一定要考虑企业的权益和现金流状况。

小企业要有大胸怀

在比赛过程中，切不可闭门造车、偏安一隅，要有竞争的意识。我们在做好自己项目的同时，还要密切关注对手的动态和信息，树立"全局一盘棋"的思想。信息，在当今社会中扮演着越来越重要的角色，只有知己知彼，才能百战不殆。在比赛过程中，要注意广泛收集对手的信息，从全局的角度考虑公司的发展，以真正实现信息为我所有并为我所用。

团队合作的基础是真诚和信任

团队的合作也符合"木桶理论"，即团队最终成绩如何并不取决于团队中的实力最强者，而是取决于团队中的实力最弱者。因此，团队一定要将最合适的人放在最合适的岗位上，从而把团队的效用发挥到极致。团队成员之间要彼此信任、相互理解，每个成员都要承担相应的责任，不仅要为自己的错误承担责任，也要做好准备为同伴的失误埋单。在顺境中，每个人都能发挥领导力；只有在逆境中，才能检验出一个人是否真正具有领导力。总经理作为团队领导者，必须具备良好的心理素质和协调能力。每个成员只有心怀宽容、全力以赴，才能真正组成一个和谐的、有战斗力的团队。

商场如战场，但商场不是战场

在战场上，只有你死，才能我活；而在商场上，你活着，我才可以活得更好。赛场就像一个没有硝烟的战场，但我们必须认识到赛场绝不是生死的战场。在商业实战中，打败对手从来都不是一种战略。在竞赛过程中，团队之间的关系不是你死我活，但在组间交易上，许多企业选择了同归于尽，而不是互惠互利。竞争是比赛过程中的一场游戏，更是一种艺术，重要的是向竞争者学习，只有向竞争者学习的人才会进步。

我们一定要怀着一种正确的心态来对待比赛。用一种竞争的心态投入这种游戏的过程，用一种游戏的心态来看待竞争的结果。竞赛从来都不是目的，在竞赛中获益和成长才是精髓所在。

（盛明辉是获得第四届"用友杯"全国大学生沙盘模拟经营大赛辽宁赛区一等奖团队的总经理，题目为编者所加）

3.8 第五届"用友杯"全国大学生创业设计暨沙盘模拟经营大赛全国总决赛冠军案例[①]

第一年长期贷款为0，短期贷款每季度20M滚动；年初购买大厂房，上3条柔性生产线；研发P2、P3产品，第一年年末P2产品研发完毕，P3产品研发4期；开发5个市场，即本地、区域、国内、亚洲、国际；ISO 9000认证一期。

第二年年初长期贷款50M，短期贷款每季度20M滚动；第一季度在大厂房上手工生产线2条，第二季度上全自动生产线1条，生产P2产品；将剩下2期P3产品研发完毕；继续开发国内、亚洲、国际市场；将ISO 9000认证完毕。

第三年年初长期贷款30M，短期贷款每季度20M滚动；租小厂房，第一季度上手工生产线2条；继续开发亚洲和国际市场；认证ISO 14000一期。

第四年年初长期贷款40M，短期贷款每季度20M滚动；继续租小厂房，第二季度在小厂房内新上1条全自动生产线，生产P3产品；第二季度开始研发P4产品，第四年共研发3期；继续开发国际市场；认证ISO 14000二期。

---

① 该案例由辽宁工程技术大学技术与经济学院陈越、许可老师提供。

　　第五年年初长期贷款 30M，短期贷款每季度 20M 滚动；第二季度在继续租用的小厂房内新上手工生产线 1 条；继续研发 P4 产品 3 期。

　　第六年年初长期贷款 50M，短期贷款每季度 20M 滚动；第一季度购买小厂房，第四季度出售第一年建成的 3 条柔性生产线和第二年建成的 2 条手工生产线。

　　企业战略规划表见表 3-1。

表 3-1　　　　　　　　　　　　　　企业战略规划表

项　目	第一年				第二年			
	第一季度	第二季度	第三季度	第四季度	第一季度	第二季度	第三季度	第四季度
广告费	0				17M			
财务费用	0				4M			
长期贷款	0				50M（5年）			
短期贷款	20M	20M	20M	20M	20M	20M	20M	20M
厂房	40M（买大）							
生产线	3×5M（柔性）	3×5M	3×5M	3×5M	2×5M（手工）	1×5M（全自动 P2）	1×5M	1×5M
产品研发	P2 P3	P2 P3	P2 P3	P2 P3	P3	P3		
市场开拓	本地 区域 国内 亚洲 国际				国内 亚洲 国际			
ISO认证	ISO 9000（一期）				ISO 9000（二期）			
权益	46M				54M			
项　目	第三年				第四年			
	第一季度	第二季度	第三季度	第四季度	第一季度	第二季度	第三季度	第四季度
广告费	23M				27M			
财务费用	9M				12M			
长期贷款	30M（5年）				40M（5年）			
短期贷款	20M	20M	20M	20M	20M	20M	20M	20M
厂房	3M（租小）				3M（租小）			
生产线	2×5M（手工）				1×5M（全自动 P3）	1×5M	1×5M	
产品研发					P4	P4	P4	
市场开拓	亚洲 国际				国际			
ISO认证	ISO 14000（一期）				ISO 14000（二期）			
权益	67M				74M			

续表

项　目	第五年				第六年			
	第一季度	第二季度	第三季度	第四季度	第一季度	第二季度	第三季度	第四季度
广告费	31M				48M			
财务费用	15M				19M			
长期贷款	30M（5年）				50M（5年）			
短期贷款	20M	20M	20M	20M	20M	20M	20M	20M
厂房	3M（租小）				30M（买小）			
生产线		1×5M（手工）						出售第一年建成的3条柔性生产线和第二年建成的2条手工生产线
产品研发	P4	P4	P4					
市场开拓								
ISO认证								
权益	102M				166M			

参考文献与推荐阅读书目

［1］刘平．用友ERP企业经营沙盘模拟实训手册［M］．6版．大连：东北财经大学出版社，2020.

［2］王新玲，柯明，耿锡润．ERP沙盘模拟学习指导书［M］．北京：电子工业出版社，2005.

［3］施振荣．再造宏碁：开创、成长与挑战［M］．北京：中信出版社，2005.

［4］刘平．战略管理的辩证法：兼与金桥《战略管理十大悖论》一文商榷［J］．企业管理，2005（10）．

［5］王新玲，杨宝刚，柯明．ERP沙盘模拟高级指导教程［M］．北京：清华大学出版社，2006.

［6］王方华．企业战略管理［M］．2版．上海：复旦大学出版社，2006.

［7］刘平．智能集团不"壮士断腕"的后果［J］．经理人，2006（5）．

［8］刘平．快速成长型企业的危机基因［J］．中外管理，2006（6）．

［9］刘平．到西部去淘金［N］．第一财经日报，2006-08-22（A2）．

［10］刘平．以快制胜的误区［J］．管理与财富，2006（12）．

［11］刘平．新华VS友邦：条条大路通罗马［J］．中外管理，2006（5）．

［12］刘平．新兴寿险公司的战略选择［J］．经理人，2006（4）．

［13］吴晓波．大败局Ⅱ［M］．杭州：浙江人民出版社，2007.

［14］刘平．家世界的启示［J］．销售与市场，2007（1）．

［15］刘平．创业攻略：成功创业之路［M］．北京：中国经济出版社，2008.

［16］刘平．贝塔斯曼：满身光环的失败者［J］．销售与市场，2008（8）．

［17］刘平．高成长企业的长赢基因［J］．经理人，2008（8）．

［18］凌志军．联想风云［M］．武汉：湖北人民出版社，2008.

［19］刘平．保险战争［M］．北京：电子工业出版社，2009.

［20］刘平．战略管理：流程、方法与工具［M］．北京：机械工业出版社，2011.

附录

附录1 第十六届全国大学生创新创业沙盘模拟经营大赛（辽宁赛区）精英争霸赛技术手册

竞赛背景资料

约创制造有限公司于2019年成立，是一家生产P系列产品的民营企业，经过一年的经营，企业发展平平。

最近，一家权威机构对该行业的发展前景进行了预测，认为P系列产品有较好的发展前景。为了使公司在未来几年能够跻身行业领先地位，公司股东大会决定聘用一批优秀的年轻人来管理公司，合同期限为4年。

现在你们5人将分别担任总经理、采购总监、生产总监、销售总监、财务总监。请你们运用所学知识，根据公司现状与市场预测去经营公司，相信你们在未来的4年中能够闯出属于自己的一片天地。

公司详情见表1。

表1　公司详情

项　目	目前状况
市场资质	本地市场：已开发完成
	区域市场：已开发完成
	国内市场：未开发
	亚洲市场：未开发
	国际市场：未开发
现金	500万元

公司资产负债表见表2。

表2　公司资产负债表　单位：万元

资产	期末余额	上年年末余额	负债和所有者权益	期末余额	上年年末余额
流动资产：			负债：		
货币资金	500	500	短期借款	0	0

续表

资产	期末余额	上年年末余额	负债和所有者权益	期末余额	上年年末余额
应收账款	0	0	应付账款	0	0
在制品	0	0	应交税费	0	0
成品	0	0	一年内到期的非流动负债	0	0
原料	0	0	长期借款	0	0
流动资产合计	500	500	负债合计	0	0
非流动资产:			所有者权益:		
土地和建筑	0	0	实收资本	500	500
机器与设备	0	0	利润留存	0	0
在建工程	0	0	年度净利润	0	0
非流动资产合计	0	0	所有者权益合计	500	500
资产总计	500	500	负债和所有者权益总计	500	500

第1章　通用规则

1.1　比赛相关说明（重要）

根据本场比赛的赛程及场地安排，请参赛人员认真阅读下列说明：

（1）比赛暂停：比赛过程中，一旦出现网络、电脑问题等导致比赛无法进行的情况，选手可举手提示，经裁判确认后，由技术裁判暂停本场比赛。比赛暂停时，所有参赛队的虚拟时间冻结在每队的当前日期，不能推进日期。

每阶段最后30秒内发生的故障，技术上不予暂停。

①因网络问题造成的故障，裁判有权暂停比赛，在排除故障后，继续本场比赛。

②因选手电脑问题造成的故障（如重启、卡死等），裁判有权暂停比赛，在等待1分钟后，无论选手是否排除电脑故障，均继续本场比赛。

③因选手电脑、网络不佳造成的卡顿，裁判不予暂停比赛。选手在每次操作后、系统反馈前，应避免产生不可取消的订单。若长时间没有反馈，可尝试刷新页面。

（2）电脑系统建议：电脑分辨率应在1 400×900以上，避免因分辨率过低而出现表单无法填写的情况。如果遇到该问题，请使用Ctrl+鼠标滚轮来调整浏览器内容。

（3）若电脑无法连接网线，选手应自行携带网线转接口。

（4）选手应自行安装录屏软件，并在比赛前开启。若录屏软件未安装或未开启，则出现争议时，参赛队必须无条件接受裁决结果。

（5）本次比赛不开放代工厂和拍卖功能。

（6）为了维护比赛公平竞争的环境，以下情况将被认定为恶意竞争行为：

①比赛期间，公司当年所获取的销售订单总量超过本公司当年最大产能的2倍且超过75%都违约，在本年中发生违约取消的订单，本年中有同区域参赛队投诉的（投诉时间仅限当年），经大赛裁判组仲裁后认定为恶意竞争行为。

②比赛期间，一次订购了某一季度的全部原料，或一次订购原料总数超过该公司全年生产需求的1.5倍，不论是否进行收货操作，都可认定为恶意竞争行为。

被判定为恶意竞争行为后，该参赛队将被取消比赛资格并清退离场；赛后，大赛组委会将书面通报学校，投诉仅限当年有效。

1.2 比赛经营年数及每年运行时间

比赛经营年数：4年。

每年分年初、年中、年末三个阶段运行。

- 年初时段：20分钟。
- 年中时段：60分钟。
- 年末时段：10分钟。

每年各阶段经营功能的时间分配见表3。

表3　　　　每年各阶段经营功能的时间分配

经营功能	运行启动	年初阶段	年中阶段	年末阶段
促销及计划	裁判手动	5分钟	×	×
第一次申报订单	自动	10分钟	×	×
第二次申报订单	自动	5分钟	×	×
第一季度	裁判手动	×	15分钟	×
第二季度	裁判手动	×	15分钟	×
第三季度	裁判手动	×	15分钟	×
第四季度	裁判手动	×	15分钟	×
商业情报收集+报表审核上报	裁判手动	×	×	10分钟

其中：×表示"经营功能"在本阶段禁止使用。每阶段的时间表示"经营功能"允许操作的时间，超过这个时间，该功能自动关闭。

1.3 年初时段运行操作规则

1）年初时段任务清单

年初时段任务清单见表4。

表4   年初时段任务清单

任务清单	岗　位	促销及计划（5分钟）	第一次申报订单（10分钟）	第二次申报订单（5分钟）
投放促销广告	总经理	√	×	×
市场资质（ISO）投资	总经理	√	√	√
申请销售订单	全岗	×	√	√
贴现	财务总监	√	√	√
预算费用申报	全岗	√	√	√

2）促销及计划操作规则

投放促销广告的目的是提升该市场中本公司的知名度排名，订单按照参赛队的"企业知名度"排名顺序进行分配（关于企业知名度的具体说明见1.7）。"企业知名度"排名靠前的参赛队，更容易获得申报的产品数量。

投放促销广告只能在表4规定的时间内进行。

促销广告分市场投放，每个市场投放的广告只影响本市场当年的企业知名度排名。

3）第一次申报订单操作规则

（1）订单申报。

①在规定时间内，各队同时进行订单申报，互不冲突。选单结束后，系统将根据各队的"企业知名度"排名，确定各队实际分到的订单。

②选手以队为单位进行订单申报，可同时进行所有市场、产品的订单申报，即选择一张订单，填写需要获取的产品数量，然后点击"申报"按钮提交申请，申请产品的数量将显示在订单表的"申报详情"栏中。

③所有岗位都可以进行任何市场的订单申报，实际申报数量以最后一次点击"申报"按钮为准。

（2）订单分配。

①每张订单按照申请队伍的企业知名度排名依次进行分配。

②当申请某订单产品的数量小于该订单剩余产品数量时，按照申请的数量全额分配。

③当申请某订单产品的数量大于该订单剩余产品数量时，按照该订单剩余产品数量分配。

④当某订单剩余产品数量为0时，该订单分配完成，还没排到的参赛队将不能获得该订单产品。

（3）相同知名度排名时的订单分配。如果两家以上参赛队的企业知名度排名相同且申请了同一张订单，本着平等分配的原则，按照下述方法进行分配：

①最小申请量平均分配法：取申请该订单排名相同的公司总数S0，和相同排名各队中最小申请数量P0，计算 M0=P0×S0。如果M0小于订单剩余产品数量

（即订单剩余产品数量足够让各公司都获得P0个产品），则排名相同的各公司将分配到P0数量的产品；如果M0大于订单剩余产品数量（即订单剩余产品数量不够按照P0平均分配），则执行按公司数平均分配法。

②按公司数平均分配法：取剩余公司数S0和订单剩余产品数量U0进行比较，当U0大于等于S0时，计算M1=U0÷S0取整，按照M1的取整值将订单产品分配给每个剩余公司；当U0小于S0（即订单剩余产品数量不够剩余公司平均分到1个）时，本次分配结束，剩余产品将进入下个排名的分配。

4）第二次申报订单操作规则

（1）第一次未分配完的订单在第二次申报时显示，已经分配完的订单不再出现在可选订单中。

（2）第二次申报订单的操作与第一次申报订单相同。第二次申报时间结束后，系统自动进行第二次分配。

1.4　年中时段运行操作规则

（1）年中运行的虚拟时间为1年（4个季度）。1年为12个月，每3个月为1季（每季为1个阶段），每月为30天。每个季度运行时间为现实时间15分钟。

（2）年中每个季度（阶段）中，各队可进行日期自选。

①每月：各队可自主在一个月内选择经营日期进行操作（如1月1日）。允许跳选日期操作，但只能向前跳选，禁止回退。

②每季度：在一个季度中，各队可自行结束每月操作，进入下月的日期操作（如1月1日结束，进入2月1日操作）。但在每季度最后一个月，只能等待统一的季度结束时间，不能自主跳至下一个季度。

③季度结束：设定的季度运行时间结束后，系统将自动结束本季度，所有未完成的操作，都将自动跳转至本季度结束状态。

（3）跳过的日期中如果存在没有完成的操作，系统会自动根据选定的日期判断跳过的操作是否违约。例如，从3月1日跳到3月10日，中间的3月5日有原料到货的操作未执行，则跳到3月10日时，系统会自动判定3月5日应到货的采购订单为"收货违约"。

（4）总经理可选择操作日期。总经理选择操作日期后，其他操作岗位可点击日期旁的刷新按钮，刷新为当前日期。

（5）运行中操作页面上的时间进度条，表示本季度运行的剩余时间（系统时间）。

1.5　年末时段运行操作规则

1）年末时段任务

年末时段所有经营操作均被停止，以下内容必须在规定的时间内完成：

（1）经营报表填制、上报。

（2）商业情报收集。

2）经营报表填制、上报

（1）经营报表由费用表、利润表和资产负债表组成，每年各公司应在年末规定的时间内完成经营报表的上报。

（2）经营报表的制作流程如下：填制岗位报表→提交岗位报表→生成经营报表→上报经营报表。

①岗位报表包括：总经理报表、采购总监报表、销售总监报表、财务总监报表和生产总监报表，分别由总经理、采购总监、销售总监、财务总监和生产总监各自填报并提交完成。岗位报表可以多次提交，每次提交都会刷新上报的经营报表。

②合成的经营报表不能直接修改，必须先修改岗位报表。

③合成的经营报表由总经理或财务总监点击"提交"按钮完成上报，提交后不可修改。

④年末结束时，系统自动关闭本年所有报表的操作。

3）报表核查

待系统的"年末"到时后，各公司可以查询本年经营报表的系统值和本公司上报值的对比数据。

（1）对比数据显示格式为：系统值/本公司上报值。

（2）底色为绿色，表示系统值与上报值一致；底色为粉色，表示系统值与上报值不一致；底色为黄色，表示没有上报数据。

4）商业情报收集（关于商业情报收集的具体说明见1.9）

（1）进入年末时段，可以查询当年的经营结果排名。

（2）在年末时段，总经理可以通过"情报"功能查看其他公司的详情，了解其他公司的经营动向。

1.6 容忍期和强制取消/执行

模拟经营公司与外界的交易活动（或业务）必须在规定时间内完成（如产品销售订单必须在交货日期前交货，原料订货必须在到货日期前收货入库等），否则会降低企业的经营诚信度（关于经营诚信度的具体说明见1.7）。

（1）容忍期：在规定日期没有完成的业务操作，允许延迟一段时间继续执行，这个延迟的时段被称为容忍期。在容忍期内，除了应按照业务要求进行操作外，还必须做到：

①支付相应的违约金（在支付业务费用的同时支付违约金）。

②扣减经营诚信度分数。

（2）强制取消/执行：容忍期结束时，如果仍不能完成业务操作，则该业务将被强制处理，具体包括：

①取消订单（包括取消销售订单、采购订单等），并额外扣减经营诚信度分数。

②强制执行费用支付业务，如应还的贷款或利息等连同违约金将被强制从财务账户中扣除；如果财务账户资金不足，将扣减至负值。

特别说明：容忍期和强制取消/执行是两种不同的惩罚措施。在容忍期内，原操作仍然可以进行，但要支付违约金，同时扣减经营诚信度分数；强制取消/

执行则不允许进行原操作，扣除违约金，同时扣减经营诚信度分数。

1.7 企业知名度和经营诚信度 OID

1）企业知名度

企业知名度即公众对企业名称、商标、产品等方面认知和了解的程度。企业知名度分市场计算，各队在一个市场中的企业知名度排名，决定了该市场订单分配的先后顺序。

广告分为促销广告和战略广告两类。两类广告均分市场投放，用于提升各队在该市场的企业知名度排名。

①促销广告只能在年初订单申请前进行投放，直接用于本年度企业知名度排名，本年年中运行开始后，促销广告不再影响企业知名度排名。

②战略广告在年中可随时投放，但是只在每季度末进行计算，下季度1号显示上季度最终企业知名度排名。也就是说，年初显示当前排名，第一季度显示年初排名，第二季度显示第一季度排名。战略广告对企业知名度有延续3年的影响。

2）经营诚信度

经营诚信度（OID）是反映企业经营信用程度的指标，如果企业存在不符合规则的业务行为，则会扣减企业的经营诚信度分数。企业每项业务的操作或对经营诚信度产生增值效应，或对经营诚信度产生减值效应。OID值的计算公式为：

某市场的OID值=市场当前OID值+市场OID增值−市场OID减值

OID增值每年年末自动计算一次；OID减值计算实时进行。

OID增值计算项见表5，OID减值计算项见表6，OID增减相关经营操作见表7。

表5　　　　　　　　　　　OID增值计算项

类　别	OID影响因素	影响范围	计算方式
OID增值	交货无违约	单一市场	常量
	市场占有率	单一市场	计算值
	贷款无违约	全部市场	常量
	付款收货无违约	全部市场	常量

表6　　　　　　　　　　　OID减值计算项

类　别	OID影响因素		影响范围
OID减值	订单违约交单	容忍期内完成	单一市场
		强制执行	
	还贷及利息违约	容忍期内完成	全部市场
		强制执行	
	付款收货违约	容忍期内完成	全部市场
		强制执行	
	年初现金为负	现金为负	全部市场
	支付费用违约	容忍期内完成	全部市场
		强制执行	

注：当年初现金为负时，全部市场OID值减0.2。

表7　　　　　　　　　　　　OID增减相关经营操作

序号	动作	岗位	本地OID	区域OID	国内OID	亚洲OID	国际OID	是否容忍	扣减违约金
1	交货无违约	系统	+	+	+	+	+	无	无
2	市场份额	系统	+	+	+	+	+	无	无
3	贷款无违约	系统			+			无	无
4	付款收货无违约	系统			+			无	无
5	订单交付违约	销售	–	–	–	–	–	有	有
6	取消订单强制扣除违约金	销售	–	–	–	–	–	有	有
7	原料订单延迟收货违约	采购			–			有	有
8	取消原料订单强制扣除违约金	采购			–			有	有
9	零售市场出售原料未能履约	采购			–			有	有
10	零售市场出售产品未能履约	销售			–			有	有
11	代工延迟收货违约	销售			–			有	有
12	取消代工订单并强制扣除违约金	销售			–			有	有
13	贷款延迟偿还违约	财务			–			有	有
14	强制扣除应还贷款及违约金	财务			–			有	有
15	贷款利息延迟支付违约	财务			–			有	有
16	强制扣除应还利息及违约金	财务			–			有	有
17	延迟支付维护费违约	财务			–			有	有
18	强制扣除维护费及违约金	财务			–			有	有
19	延迟支付厂房租金违约	经理			–			有	有
20	强制扣除厂房租金及违约金	经理			–			有	有

3）企业知名度与经营诚信度的关系

企业在某个市场中的知名度与该市场的广告和经营诚信度有关，具体计算公式为：

$$\begin{aligned}\text{某市场企业知名度}\\\text{的量化计算值}\end{aligned}=\begin{aligned}\text{该市场}\\\text{当前OID值}\end{aligned}\times\left(\begin{aligned}\text{该市场当前}\\\text{年战略广告}\end{aligned}\times\begin{aligned}\text{第一年}\\\text{有效权重}\end{aligned}+\begin{aligned}\text{上年}\\\text{战略广告}\end{aligned}\times\begin{aligned}\text{第二年}\\\text{有效权重}\end{aligned}+\begin{aligned}\text{前年}\\\text{战略广告}\end{aligned}\times\begin{aligned}\text{第三年}\\\text{有效权重}\end{aligned}\right)+\begin{aligned}\text{该市场当前}\\\text{的促销广告}\end{aligned}$$

1.8　销售类型与订单分配

1）订货会

订货会在每年年初举行。

2）临时交易市场订单

临时交易是指在年中运行期内发生已分配的订单被取消的情况时，新设定"价格"和"交货期"后，在临时交易市场中进行的交易活动。

3）现货交易市场订单

各公司每年均可根据现货交易市场价格进行产品和原料的买进或卖出。

现货交易过程无须市场准入；现货交易直接用现金结算。

1.9 商业情报收集

在比赛过程中，其他参赛队的经营状况可通过以下两个途径进行收集：

（1）每年年初订单分配后，可以从订货会窗口中的"订单分配详情"功能处获取，可以通过产品、获取人、市场3个条件的任意组合进行筛选。

（2）每年年末，总经理操作获取各队的"公司详情"。现金为负的队伍无法获取情报。

1.10 经营报表操作规则

1）费用表

费用表见表8。

表8　　　　　　　　　　费用表

序　号	项　目	填报岗位
1	管理费	财务总监
2	广告费	总经理
3	设备维护费	财务总监
4	转产及技改费用	财务总监
5	租金	总经理
6	市场准入投资	总经理
7	产品研发投资	总经理
8	ISO认证投资	总经理
9	信息费	总经理
10	培训费	财务总监
11	基本工资	财务总监
12	费用合计	=本表1项至11项之和

2）利润表

利润表见表9。

表9　　　　　　　　　　利润表　　　　　　　　　　单位：万元

序　号	项　目	数据来源
1	营业收入	产品销售收入合计项
2	营业成本	产品生产成本合计项
3	毛利	=本表1项-2项
4	综合费用	费用表"费用合计"项
5	折旧前利润	=本表3项-4项
6	折旧	财务统计表
7	支付利息前利润	=本表5项-6项
8	财务收入/支出	财务统计表
9	其他收入/支出	财务、原料统计报表
10	利润总额	=本表7项+/-8项+/-9项
11	所得税费用	财务统计表
12	净利润	=本表10项-11项

3）资产负债表

资产负债表见表10。

表10　　　　　　　　　　　　　资产负债表　　　　　　　　　　　　　单位：万元

序号	项目	期末余额	上年年末余额
1	货币资金	财务统计	
2	应收账款	财务统计	
3	在制品	生产统计	
4	成品	销售统计	
5	原料	采购统计	
6	流动资产合计	=本栏1项至5项之和	
7	土地和建筑	总经理统计	
8	机器与设备	生产统计	
9	在建工程	生产统计	
10	非流动资产合计	=本栏7项至9项之和	
11	资产总计	=本栏6项与10项之和	
12	短期借款	财务统计	
13	应付账款	财务统计	
14	应交税费	=本年利润表11项	
15	长期借款	财务统计	
16	负债合计	=本栏12项至15项之和	
17	实收资本	财务统计	
18	利润留存	=本表上年年末18项与上年年末19项之和	
19	年度净利润	=本年利润表12项	
20	所有者权益合计	=本栏17项至19项之和	
21	负债和所有者权益总计	=本栏16项与20项之和	

注：表中"上年年末余额"栏数据取自上年的资产负债表。表中"期末余额"栏数据取自本年的"利润表"以及相关岗位本年的统计表，数据采集说明详见"利润表"和相关岗位报表部分的说明。

1.11　比赛结果评分

评分方法见表11。

表11　　　　　　　　　　　　　评分方法

分值项	分值	评分方法	审核方法	公布方法
经营结果得分	100分	以第四年系统"分数"排名确定评分	现场裁判审核	选手签字确认
报表减分	1分/年	每年结束后裁判核对各队报表填写情况	选手、现场裁判签字	选手签字确认

特别说明：

（1）报表审核只审核"资产负债表"。

（2）所谓全部正确，是指报表各项（所得税费用除外）与系统报表数据完全相同；考虑计算工具的误差，所得税费用与系统数据允许存在0.01的误差。

（4）系统"分数"的计算公式：

第四年的系统"分数"=第四年OID平均值×当年权益

其中："OID平均值"是各市场OID值的平均数。

第四年分数排名评分标准见表12。

表12　　　　　　　　　　第四年分数排名评分标准

分数排名	得　分	分数排名	得　分
1	100分	11	70分
2	97分	12	67分
3	94分	13	64分
4	91分	14	61分
5	88分	15	58分
6	85分	16	55分
7	82分	17	52分
8	79分	18	49分
9	76分	19	46分
10	73分	20	43分

第2章　总经理相关技术规则

2.1　总经理任务清单

总经理任务清单见表13。

表13　　　　　　　　　　总经理任务清单

序　号	运行期	任务
1	年初	市场开发投资
2	年初	ISO认证投资申请
3	年初	投放促销广告
4	年初	参加订货会，获取订单
5	年初、年中	预算经费申报
6	年中	控制推进日期
7	年中	战略广告投放
8	年中	购买/租用厂房
9	年中	厂房处理
10	年中	产品研发投资
11	年末	商业情报收集
12	年中、年末	填报总经理报表，报表上报

2.2 市场资质研发规则

市场资质研发规则见表14。

表14　　　　　　　　　　　　市场资质研发规则

每次（年）投资额（万元）	本地市场研发投资次数	区域市场研发投资次数	国内市场研发投资次数	亚洲市场研发投资次数	国际市场研发投资次数	ISO 9000 认证投资次数	ISO 14000 认证投资次数
20	已完成	已完成	1	1	2	1	1

操作时间：年初。

①每年年初进行投资，下年年初完成此次研发；最后一次投资后，下一年资质才能生效。

②每年每个市场研发投资/ISO认证投资只能进行一次。

2.3 产品生产资质研发规则

产品生产资质研发规则见表15。

表15　　　　　　　　　　　产品生产资质研发规则

序　号	产品标识	投资期	每期投资额（万元）	每期天数（天）
1	P1	1	10	30
2	P2	2	10	30
3	P3	3	10	30
4	P4	4	10	30
5	P5	5	10	30

操作时间：年中。

①从每期投资额投入的日期开始计时，经过"每期天数"之后，完成一期研发。

②每期研发完成后，即上期研发到期日的第二天，才能开始下期投资研发。

③最后一次投资研发到期后，系统自动授予产品生产资质（注：最后一次研发结束日的第二天资质才能生效）。

④只有获得产品资质后才允许生产线开工生产。

⑤产品生产资质不允许转卖。

2.4 厂房使用规则

厂房使用规则见表16。

表16　　　　　　　　　　　　厂房使用规则

序号	厂房标识	生产线容量（条）	购买价格（万元）	每年租金（万元）	出售账期（天）	违约金比例	违约容忍期限（天）	OID 减数1	OID 减数2
1	A	4	300	50	100	0.1	30	0.1	0.1
2	B	4	300	50	100	0.1	30	0.1	0.1
3	C	4	300	50	100	0.1	30	0.1	0.1
4	D	4	300	50	100	0.1	30	0.1	0.1

操作时间：年中。

①厂房购买：在总经理办公室可以进行厂房购买操作。

②厂房租用及退租：厂房租用以一年为期（租用开始日期至下一年到期日前），每年都需要支付租金。租金到期前30天可以进行续租支付，且到期日（含当天）前必须支付下一年租金，否则违约。违约容忍期内支付租金的，需要支付租金及违约金，并扣减所有市场OID值（OID减数1）；过了容忍期仍未支付租金的，系统将强制扣除租金及违约金，并扣减所有市场OID值（OID减数1及OID减数2）。厂房退租可通过出售厂房中的全部生产线，并点击"厂房退租"按钮进行操作。

③厂房租转买：租用厂房后，可以随时进行租转买操作，扣除购买费用，租金不予退还。

④厂房买转租：购买的厂房改为租用，需要先支付一年租金，成功后才能出售厂房。

2.5 广告和企业知名度规则

广告和企业知名度规则见表17。

表17　　　　　　　　　　　广告和企业知名度规则

广告类型	投放时间	市场	广告效应延迟时间	广告基数	第一年有效权重	第二年有效权重	第三年有效权重
促销广告	年初	分市场	当年有效	该市场的促销广告总和	1	0	0
战略广告	年中	分市场	3年	投入该市场有效战略广告的总和	0.6	0.3	0.1

2.6 控制推进日期的操作规则

操作时间：年中。

例如，当前时间为3月1日，可将日期推进到3月15日，但无法将日期从3月15日倒回3月1日。

2.7 总经理报表

总经理应在每年的经营中，按照表18填报总经理报表。

表18　　　　　　　　　　　总经理报表

项　目	"金额"项填报说明	目标表表项说明
广告费	当年战略广告和促销广告投放总额	费用表中的"广告费"（第2项）
租金	当年支付的厂房租金	费用表中的"租金"（第5项）
市场准入投资	当年市场准入投资总额	费用表中的"市场准入投资"（第6项）
产品研发投资	当年产品研发投资总额	费用表中的"产品研发投资"（第7项）
ISO认证投资	当年ISO认证投资总额	费用表中的"ISO认证投资"（第8项）
信息费	当年购买商业情报的总费用	费用表中的"信息费"（第9项）
厂房价值	当前已购买的厂房总价值	资产负债中的"土地和建筑"（第7项）

注：总经理报表可以在年中和年末的任何时间填报，每次填报后点击"暂存"保存数据，或点击"提交"更新报表。

第3章　采购总监相关技术规则

3.1　采购总监任务清单

采购总监任务清单见表19。

表19　　　　　　　　　　　　　采购总监任务清单

序　号	运行期	任　　务
1	年初	参加订货会，获取订单
2	年初、年中	预算经费申报
3	年中	原料市场预订原料
4	年中	原料仓库收货和付款
5	年中	现货交易市场出售原料
6	年中	现货交易市场购买原料
7	年中、年末	填制采购总监报表

3.2　原料采购规则

原料采购规则见表20。

表20　　　　　　　　　　　　　原料采购规则

序号	供应商标识	原料标识	单价（万元）	当前数量（件）	质保期（天）	交货期（天）	违约金比例	违约容忍期（天）	OID1	OID2	处理提前期（天）
1	系统供应商	R1	10	2 000	100	20	0.2	20	0.1	0.1	30
2	系统供应商	R2	10	2 000	100	20	0.2	20	0.1	0.1	30
3	系统供应商	R3	12	2 000	100	20	0.2	20	0.1	0.1	30
4	系统供应商	R4	12	2 000	100	20	0.2	20	0.1	0.1	30

1）原料采购市场

（1）在原料市场中，公司可向系统购买原料。

（2）市场上原料的数量每季度各不相同，以系统当年各季度数据为准。

2）原料预订及收货

（1）原料必须提前预订，预订不需要预付费用；原料订单自下达之日起，根据表20中的"交货期"确定收货日期。

·（2）在收货日期当天可以进行"收货"操作；若当天未完成"收货"操作，则从第二日起进入"收货"违约容忍期（见表20），在容忍期内仍然可以进行"收货"操作，但需要缴纳违约金（与货款一同缴纳），同时扣减所有市场的OID值（OID减数1）；若超过违约容忍期仍未完成"收货"，则系统将强制取消订单，同时从财务账户强制扣除违约金，同时扣减所有市场的OID值（OID减数1及OID减数2）。

（3）原料订单被取消后，被"取消"的原料当天返回"现货交易市场"的原料订单，且该原料该年的出售单价改为"原料订货大厦"原料价格的2倍，同时该原料可继续被预订，年末刷新。

（4）点击"收货"按钮时，系统将从采购总监账户划转资金，支付原料采购费用，同时收货。若采购总监账户资金不足，则"收货"操作失败。

3）原料的质保期

（1）原料的质保期（见表20）从到货日开始计算，在质保期（含当天）内，原料可以上线生产。

（2）原料质保期过后的第一天，系统将强制清除失效原料。

4）避免恶意占用资源

为避免原料采购中恶意占用资源行为的发生，每次下原料订单时，若订购原料价值超过公司总价，则无法订购原料，用公式表示如下：

若现金总量+当前应收款+当前贷款剩余额度+（在产品价值+产成品）×3<本次订购原料价值+未收货原料价值，则无法进行原料订货。

具体判断方法为：

①判断现金总量，若现金总量>本次订购原料价值+未收货原料价值，则不受限制；若现金总量<本次订购原料价值+未收货原料价值，则继续判断。

②判断现金总量+当前应收款，若现金总量+当前应收款>本次订购原料价值+未收货原料价值，则不受限制；若现金总量+当前应收款<本次订购原料价值+未收货原料价值，则继续判断。

③判断现金总量+当前应收款+当前贷款剩余额度，若现金总量+当前应收款+当前贷款剩余额度>本次订购原料价值+未收货原料价值，则不受限制；若现金总量+当前应收款+当前贷款剩余额度<本次订购原料价值+未收货原料价值，则继续判断。

④判断现金总量+当前应收款+当前贷款剩余额度+（在产品价值+产成品）×3，若现金总量+当前应收款+当前贷款剩余额度+（在产品价值+产成品）×3>本次订购原料价值+未收货原料价值，则不受限制；若现金总量+当前应收款+当前贷款剩余额度+（在产品价值+产成品）×3<本次订购原料价值+未收货原料价

值，则提示资金存在风险，无法订购。

3.3 现货交易规则

现货交易规则见表21。

表21 现货交易规则

序 号	商品标识	当前可售数量（件）	市场出售单价（万元）	市场收购单价（万元）	出售质保期（天）	交货期（天）	年 份
1	R1	20	20	5	50	0	1
2	R2	20	20	5	50	0	1
3	R3	20	24	6	50	0	1
4	R4	20	24	6	50	0	1

1）现货交易

（1）购买时，按照市场出售价从采购总监的账户中划转资金；若账户资金不足，则终止交易。

（2）出售时，若原料的失效天数在"处理提前期"（见表20）之前，则按照市场收购价进行计算。系统自动按照先进先出原则和处理提前期原则，提取公司原料库存；若原料库存不足，则交易失败。

2）现货交易市场的原料数量及价格

现货交易市场的订单各年均以表21列出的数量为基准。若有公司购买成功，则减少相应数量；若有公司销售成功，则增加相应数量。

3.4 采购总监报表

原料统计报表见表22。

表22 原料统计报表

原 料	库存原料数量（件）	库存原料价值（万元）	零售（含拍卖）收入（万元）	零售（含拍卖）成本（万元）	失效和违约价值（万元）
R1					
R2					
R3					
R4					

特别提示：

（1）表22中的所有数据均按正数填入。

（2）表22中各数据项将用于合成三表，合成方式如下：

①表22中各原料"库存原料价值"合计后，并入"资产负债表"中"原料"项的"期末余额"。

②表22中各原料"零售（含拍卖）收入"–"零售（含拍卖）成本"合计后，并入"利润表"中"其他收入/支出"项的"金额"。

③表22中各原料"失效和违约价值"合计后，以负数并入"利润表"中"其他收入/支出"项的"金额"。

（3）填报报表时的数据来自各原料本年的以下数据：

①"库存原料数量"：当前的库存数量（在当前库存中查询）。

②"库存原料价值"：当前库存价值的总额（在当前库存中查询）。

③"零售（含拍卖）收入"：当年在现货交易市场卖出原料和在拍卖市场卖出原料的总收入（需要在零售时记录）。

④"零售（含拍卖）成本"：当年在现货交易市场卖出原料和在拍卖市场卖出原料时出库的总成本（需要在零售时记录）。

⑤"失效和违约价值"：当年被强制清除的过期原料价值（需要查询相关消息统计），以及收货违约产生的违约金和订单取消产生的违约金（查询当年的采购订单获得）。

第4章　生产总监操作相关规则

4.1　生产总监任务清单

生产总监任务清单见表23。

表23　　　　　　　　　　　生产总监任务清单

序　号	运行期	任　务
1	年初	参加订货会
2	年初、年中	预算经费申报
3	年中	新建生产线
4	年中	转产/技改生产线
5	年中	出售生产线
6	年中	全线推进（厂房内所有生产线的状态推进）
7	年中	全线开产（厂房内所有生产线上线开产）
8	年中、年末	填制生产总监报表

4.2　生产线规则

生产线参数见表24，计件工资参数见表25，工人数量见表26。

表24　　　　　　　　　　　　生产线参数　　　　　　　　金额单位：万元

序号	生产线标识	每期安装投资	安装期数	每期安装天数	生产期数	每期生产天数	残值	技改期数	每期技改天数	每期技改费用	技改提升比例
1	手工线	50	0	0	2	75	5	1	30	40	0.20
2	自动线	50	3	30	1	90	15	1	10	20	0.20
3	柔性线	50	4	30	1	80	20	1	10	20	0.20

序号	生产线标识	转产期数	每期转产天数	每期转产费用	提取折旧天数	设备维护费	操作工人总数	初级以上人数	中级以上人数	高级以上人数	技改次数上限	折旧年限
1	手工线	0	0	0	360	5	3	3			2	6
2	自动线	1	10	30	360	15	2		1		1	6
3	柔性线	0	0	0	360	20	1			1	1	6

表25　　　　　　　　　　　　计件工资参数

工　种	初级工	中级工	高级工
计件工资（万元）	4	5	6

表26　　　　　　　　　　　　工人数量

工　种	初级工	中级工	高级工
数量（人）	50	50	30

1）生产线安装

①生产线需要经过"安装期数"（见表24）才可完全建成，每期需要投入的时间为"每期安装天数"，每期需要投入的资金为"每期安装投资"。

生产线建成总价=安装期数×每期安装投资

生产线建成时间=安装期数×每期安装天数

②生产线安装完一期（到期当天或之后），需要通过"全线推进"结束本期。当生产线仍有下一安装期时，安装投资将从生产总监的账户中划拨，若金额不足，则推进失败。

2）生产线生产

（1）生产线生产需要具备以下条件：

①拥有该产品的生产资质；

②有充足的原料；

③公司内有足够的操作工人；

④生产总监账户中的资金足够支付工人工资。

（2）满足以上条件后，点击·"全线开产"按钮，开启生产周期。

产品生产时间=生产期数×每期生产天数

（3）产品生产完成（到期当天或之后），需要点击"全线推进"按钮，进入下一个生产期，或完成生产；否则产品将一直处于"加工中"状态。

（4）操作工：每种生产线都需要由相应的操作工人完成，其中有2个重要参数：

①操作工人总数：每类生产线必须的操作工人数。

②操作工人级别：每类生产线要求的操作工人的最低级别。

要求的最低级别的操作工人人数不够时，可以由高于本级别的操作工人代替，但相应的计件工资会提高（见表25）。

3）生产线技改及转产

（1）技改。对于安装完成的生产线，各队可以通过技术改造减少每期生产天数。

一次技改减少生产天数=原生产天数×技改提升比例

一次技改后的生产天数=原生产天数×（1-技改提升比例）

例如，原生产天数为66天，技改提升比例为0.25，则一次技改后的生产天数为66×（1-0.25）=49.5（天），四舍五入，结果为50天。

（2）转产。若生产线变换生产品种，则需要进行生产线转产。

转产条件如下：

条件1：只能在"停产"状态时启动转产操作。

条件2：生产总监的账户必须有足够的资金支付转产费用。

4）生产线相关费用计算

（1）折旧：生产线建成后360天内不计提折旧，之后每年提取一次折旧，提取时间如下：建成第361天计提第一次折旧，第721天计提第二次折旧，照此类推。

提取的折旧额=（生产线原值-生产线残值）÷折旧年限

（2）设备维护费：建成的生产线按年缴纳维护费，以建成当天开始计算，每年的这一天就是支付设备维护费的截止日。

（3）生产线残值与出售：

当生产线净值≥生产线残值时，需要计提折旧。

出售生产线时，只能按照生产线残值出售。

4.3 产品物料清单

产品物料清单见表27。

表27   **产品物料清单**   单位：件

序 号	产品标识	R1	R2	R3	R4	P1	P2	P3	P4
1	P1	1							
2	P2	1	1						
3	P3		1	2					
4	P4	2			2				
5	P5	1	1	3	1				

产品物料清单反映了生产某产品所用原料或产品的件数，又称产品的生产配方。组织生产时，需要按照此配方准备原料。

4.4 生产预配操作规则

生产预配分为手动预配和自动预配两种。

1）手动预配

（1）将下次上线生产的原料从库房配送到指定的生产线。原料按照先进先出的原则，出库到生产线（原料库存减少）。

（2）将操作工人指派到指定的生产线。

（3）生产预配可以在年初及年中的任意时间进行操作，生产线在停产、生产、技改、转产时均可以进行生产预配。

2）自动预配

点击"全线开产"按钮，自动预配，并开始生产。

（1）生产线预配原则：按编号顺序依次进行预配。

（2）材料预配原则：先进先出。

（3）工人预配原则：满足生产要求的情况下优先低级。

4.5 生产总监操作规则

生产总监可以对各厂房进行"全线开产"和"全线推进"两项操作。

（1）"全线开产"是使厂房内的所有生产线进行生产操作。

（2）"全线推进"是使厂房内的所有生产线进行推进操作，从而完成操作或开启下一期：

①投资建线中的"投资期"完成可以推进到下一投资期开始。最后一期投资到期后，只有推进才能完成建线。

②生产操作中的"加工期"完成可以推进到下一加工期开始。最后一期加工到期后，只有推进才能让产品完工下线。

③转产操作中的"转产期"完成可以推进到下一转产期开始。最后一期转产到期后，只有推进才能结束转产。

④技改操作中的"技改期"完成可以推进到下一技改期开始。最后一期技改到期后，只有推进才能结束技改。

（3）生产线的"冻结"和"解冻"：如果不想让生产线"全线开产"或"全

线推进"，可以选择"冻结"操作；选择"解冻"操作，生产线恢复"全线开产"或"全线推进"。

4.6 生产总监报表

（1）在制品统计报表（见表28）。

表28 在制品统计报表

在制品	P1	P2	P3	P4	P5
数量（件）					
在制品价值（万元）					

注："在制品价值"合计后并入"资产负债表"中"在制品"项目的期末余额。

（2）生产设备统计报表（见表29）。

表29 生产设备统计报表

生产线	手工线	自动线	柔性线
总投资（万元）			
累计折旧（万元）			
在建已投资额（万元）			

注：各生产线的"总投资"合计数－"累计折旧"合计数并入"资产负债表"中"机器与设备"项的期末余额。

各生产线的"在建已投资额"合计数并入"资产负债表"中"在建工程"项的期末余额。

填报时的数据采自生产线本年状态数据：

①在制品数量：当前所有生产线正在生产的产品数量（在当前生产线详细资料中查询）。

②在制品价值：当前所有生产线上的在制品总价值（包括：原料成本和计件工资），数据来源于当前生产线详情。

③生产线总投资：当前生产线的总价值，即生产线原值总和。

④生产线累计折旧：当前生产线的折旧合计。

⑤在建已投资额：当前在建的生产线已经投入的资金总和。

第5章 销售总监相关技术规则

5.1 销售总监任务清单

销售总监任务清单见表30。

表30 销售总监任务清单

序 号	运行期	任 务
1	年初	参加订货会，获取订单
2	年初、年中	预算经费申报
3	年中	产品交货
4	年中	现货交易市场出售产品
5	年中	现货交易市场购买产品
6	年中	临时交易市场获取订单
7	年中、年末	填制销售总监报表

5.2 订单相关规则

每年年初，企业在订货会分市场集中获取订单。

1）订单状态

当年分配的所有订单，均可在"仓库订单"中查询。

销售订单状态说明见表31。

表31　　　　　　　　　　　　销售订单状态说明

状　态	状态印章	状态说明	下一步操作
订单未交货	未完成	正常未交货订单	交货
订单正常交货	完成	正常交货	收应收款
订单在容忍期内未交货	违约未完成	可以交货（计算违约金）	交货
订单在容忍期内交货	违约完成	在容忍期内完成交货	收应收款（扣除违约金）
订单在容忍期后未交货	取消	取消订单并强制扣除违约金	强制扣除违约金

2）订单交货与取消规则

订单交货规则见表32。

表32　　　　　　　　　　　　订单交货规则

序　号	市　场	订单违约金比例	违约容忍期限（天）	OID减数1	OID减数2	临时延期交货时间（天）	临时单价放大倍数
1	本地	0.2	30	0.3	0.1	90	1
2	区域	0.2	30	0.3	0.1	90	1
3	国内	0.2	30	0.3	0.1	90	1
4	亚洲	0.2	30	0.3	0.1	90	1
5	国际	0.2	30	0.3	0.1	90	1

（1）所有订单必须在规定的交货日期前（包括当日），按照订单规定的数量交货，订单不能拆分交货。

（2）交货日期后的第一天还未完成交货的订单会被标注为"违约未完成"状态，进入容忍期。在容忍期内仍然可以进行"交货"操作，但系统会计算违约金，并扣减OID值。

（3）容忍期结束日之后，仍未执行"交货"操作的订单会派放到临时交易市场，原订单被标注为"取消"状态，不能执行"交货"操作，同时强制扣除违约金，并扣减OID值。

（4）容忍期截止日期跨年的订单，可以保留到下年。下年完成交货后，销售收入计入下年；若下年不能完成交货，则直接取消订单，并扣减OID值，但该订单不能进入下年的临时交易市场。

5.3 临时交易订单规则

临时交易发生在年中运行期间，如年初订货会中已分配的订单，因其他队伍违约被取消，从而出现在订货会中，可在订货会的临时交易市场申请分配操作。

1）临时交易的触发条件

当某公司的订单进入容忍期时，系统会向所有公司的销售总监发布临时交易市场订单预告，预告信息包括：市场名、产品名、产品数量、预计上架日期等。

（1）当容忍期订单被取消时，取消当日按市场进入临时交易市场。若该订单是第二次被取消，则不进入临时交易市场。

（2）如果预告的临时订单在容忍期内完成交货，则不再进入临时交易市场。

（3）订单交货期自原订单取消之日起，按系统设置天数后延；订单产品单价根据市场情况确定，可能与原订单不同。

（4）如果临时交易订单直到交货日到期后的第一天，仍然有剩余产品数量没有被申请，则该订单将被取消，并且不再进入临时交易市场进行交易。

（5）临时交易市场未分配的订单不跨年，即本年结束后，取消临时交易市场中所有未分配的订单。

2）临时交易的接取条件

（1）临时交易分市场进行，需要有该市场资质。

（2）获取临时交易订单的资质要求与订货会的要求一样，此外还要求公司本年在该市场中没有违约交货记录，否则将不能获取本市场的临时交易订单。

（3）临时交易订单按照操作的系统时间先后进行分配，与企业运行日期和企业知名度排名无关。

①如果分配时订单产品剩余数量大于等于申请数量，则全数分配。

②如果分配时订单产品剩余数量小于申请数量，则按剩余数量分配。

③如果分配时订单产品剩余数量为0，则停止分配。

（4）临时交易订单可以被分割获得，即可以获取订单中的部分产品数量。也就是说，若订单剩余产品数量小于申请数量，则按剩余产品数量分配，申请公司只能取得申请的部分产品数量。

（5）在临时交易中，若多次申请同一张订单成功，则在没有交货的情况下，按照单号合并成一张订单，其中产品数量等于多张订单产品数量之和，已交货的订单除外。

（6）若已分配的临时交易订单交货期跨年，则可以保留到跨年交货，销售收入计入下年。

5.4 现货交易规则

现货交易规则见表33。

表33   现货交易规则

序号	商品标识	当前可销售数量（件）	市场出售单价（万元）	市场收购单价（万元）	出售质保期（天）	交货期（天）	年份
1	P1	20	100	30	0	0	1
2	P2	20	100	40	0	0	1
3	P3	20	200	50	0	0	1
4	P4	20	200	60	0	0	1

（1）现货交易市场的订单各年均以表33列出的数量为基准。

（2）现货交易市场是现金现货交易，购买成功后，先从销售部总监的账户中划转资金，再从市场中转移产品；如果账户资金不足，则终止交易。

（3）现货交易市场采购产品的价格均为表33中的"市场出售单价"，公司出售产品的单价按照表33中的"市场收购单价"计算。

（4）公司出售给现货交易市场的产品成交后，增加当期现货交易市场产品的库存量。

5.5 销售总监报表

产品统计报表见34。

表34　　　　　　　　　　　　　**产品统计报表**

项　目	数量（件）	订单收入（万元）	违约罚款（万元）	销售成本（万元）	库存产品数量（件）	库存产品价值（万元）
P1						
P2					当前库存产品数量	当前库存产品价值
P3						
P4						
P5						

填写规则如下：

（1）"数量"：填写当年已交货订单产品数量，可以从当年产品库存的单据中查询，具体包括：

①年初订货会订单交货出库产品数量；

②现货交易市场销售出库产品数量；

③临时交易市场已交货订单产品数量。

（2）"订单收入"：按照表35计算汇总。

表35　　　　　　　　　　　　　**销售收入计算规则**

销售操作	销售总额（数量×单价）	违约金（销售总额×违约金比例）	销售收入
订单按期交货	订单总额	0	订单总额
订单违约交货	订单总额	订单总额×违约金比例	订单总额×（1-违约金比例）
订单违约取消	0	订单总额×违约金比例	0-违约金
现货零售	产品销售总价	0	产品销售总价

（3）违约罚款：通过查询当年已处理（包括完成和取消）订单的"罚金"项直接获取。

（4）销售成本：通过查询当年已处理订单中的"转出成本"项直接获取。

（5）库存产品数量：从库存状态中直接获取。

（6）库存产品价值：从库存状态中直接获取。

第6章 财务总监相关技术规则

6.1 财务总监任务清单

财务总监任务清单见表36。

表36   财务总监任务清单

序　号	运行期	任　务
1	年初	参加订货会
2	全年	各岗位现金申请审核并拨款
3	全年	资金调配（反向拨款）
4	年中	贷款申请
5	年中	每月支付费用（包括到期贷款和利息）
6	年中	提取应收款
7	年中	应收款贴现
8	年中、年末	填制财务总监报表
9	年末	审核年度报表并上报
10	全年	查询经营详情

6.2 贷款类型及贷款方式

贷款规则见表37，贷款套餐详情见表38。

表37   贷款规则

序号	贷款类型	还款/利息违约容忍期（天）	利息违约金比例	还款违约金比例	本金OID减数1	本金OID减数2	利息OID减数1	利息OID减数2
1	长贷	25/30	0.1	0.1	0.1	0.2	0.1	0.2
2	短贷	25/30	0.1	0.1	0.1	0.2	0.1	0.2

表38   贷款套餐详情

套餐名称	贷款期数	每期天数	贷款金额（万元/份）	利　率
2季短贷	2	90	10	0.05
3季短贷	3	90	10	0.05
4季短贷	4	90	10	0.05
2年长贷	2	360	20	0.1
3年长贷	3	360	20	0.1

（1）贷款申请时间：各年正常经营的任何日期（不包括年初和年末）。

（2）贷款类型：不同类型的贷款可以自由组合，但长、短贷额度之和不能超出上年权益的2倍。

①长期贷款：它是指企业向银行借入的期限在1年以上（不含1年）的各项借款。企业可以在年中任何日期申请长期贷款，到期一次付息还本。

②短期贷款：它是指企业向银行借入的期限在1年以内（含1年）的各项借款。企业可以在年中任何日期申请短期贷款，到期一次付息还本。

（3）贷款以套餐方式提供，每份套餐的具体参数见表38，如2季短贷套餐，每份10万元，使用期为2季（90天/季），利率为5%等。

申请贷款时，输入申请改套餐的份数，如10份2季短贷，总贷款量为：10份×10万元=100万元。

（4）系统每月1日提供本月到期贷款和利息的账单，但不提供具体到期日的信息（具体到期日可以在"收支明细"中查询）。

正常还贷款和还利息可以在贷款到期日或者利息到期日之前（包括到期日当天）操作，否则将进入容忍期，同时发生违约金及扣减OID值。

如果当月应还贷款进入容忍期（即违约未还），则不能再进行贷款操作（不论是否还有额度）。

6.3 应收款和应收款贴现

贴现规则见表39。

表39 贴现规则

序　号	贴现率	贴现期（天数）
1	0.05	30
2	0.1	60
3	0.15	90
4	0.2	120

（1）应收款是企业应收但未收到的款项。

（2）应收款账期是从确认应收款之日到约定收款日的期间。

（3）贴现是指债权人在应收款账期内，贴付一定利息以提前取得资金的行为。不同应收款账期的贴现率不同。

6.4 应交税费的计算和缴纳

费用计算规则见表40。

表40 费用计算规则

序号	费用类型	算　法	计算值（万元）	费用比例	扣减资源	计算时间	是否手动支付
1	管理费	固定常数	5	1	现金	每月1日	是
2	设备维护费	生产线原值×费用比例	计算	0.1	现金	满360天	是
3	折旧	（生产线原值-生产线残值）÷折旧年限	计算	1	生产线净值	满360天	系统自动扣减
4	所得税费用	（当年权益-纳税基数）×费用比例	计算	0.2	现金	每年年末	系统自动扣减

（1）每月1日，系统按照表40中规定的计算方式，自动计算出本月应交的费用项，并分别列示在相应的表内；利息和贷款也被列在表中一并处理。

（2）费用支付有系统自动扣减和手动支付两种方式。

①系统自动扣减：在当月计算后，系统自动进行扣减操作，如所得税费用和折旧。

②手动支付：在本月的任何日期，手动选择费用项，点击"支付"按钮，则被选定的费用项全额支付。

（3）如果费用项有指定的到期支付日期，则需要在到期日之前（包括到期日当天）支付，否则按违约处理。

①本月内到期的费用可以选择提前支付。

②如果某种费用在支付截止日前未完成支付操作，则被视为违约费用，需要额外计算违约金（违约金=费用本金×违约金比例），此时显示的应支付费用为费用本金与违约金之和。

③本月费用没有在30日前（包括30日）支付，将合并到下月费用中，但上月未交费用为违约未交状态，需要按照设定的违约金比例计算违约金，违约金也将被合并到下月费用中。

④如果容忍期内仍然没有完成支付，系统将强制扣除违约金，并扣减所有市场的OID值（OID减数1及OID减数2）。

（4）本年12月份，将对本年所有费用进行强制清缴，即：

①12月份所有费用的容忍期到期日调整为12月29日。

②12月30日即对所有未交费用进行强制扣除处理，并扣减所有市场的OID值。

费用违约规则见表41。

表41　　　　　　　　　　　　　　　费用违约规则

序　号	费用明细	是否扣减全部市场的OID值	违约金比例	违约容忍期限（天）	OID减数1	OID减数2
1	管理费	是	1	30	0.1	0.1
2	所得税费用	否	0	30	0	0
4	折旧	否	0	30	0	0
5	设备维护费	是	0.2	30	0.1	0.1
6	基本工资	否	0	30	0	0
7	员工福利	否	0	30	0	0

6.5　财务总监报表

财务总监报表见表42。

表42

财务总监报表

资金项目	金额（万元）	目标表表项说明
管理费		费用表中的"管理费"（第1项）
设备维护费		费用表中的"设备维护费"（第3项）
转产及技改费用		费用表中的"转产及技改费用"（第4项）
培训费	0	费用表中的"培训费"（第10项）
基本工资	0	费用表中的"基本工资"（第11项）
财务费用		利润表中的"财务收入/支出"（第8项）
本年折旧		利润表中的"折旧"（第6项）
其他支出合计		利润表中的"其他收入/支出"（第9项）
现金余额		资产负债表中的"货币资金"（第1项）
应收账款		资产负债表中的"应收账款"（第2项）
应付账款		资产负债表中的"应付账款"（第13项）
长期借款余额		资产负债表中的"长期借款"（第15项）
短期借款余额		资产负债表中的"短期借款"（第12项）
实收资本		资产负债表中的"实收资本"（第17项）
所得税费用		利润表中的"所得税费用"（第11项）

特别提示：表中所有数据均按正数填入。

（1）"管理费""设备维护费""转产及技改费用"：均为全年支付的总和。

（2）"基本工资""培训费"：人力资源部支出的操作工人的费用，每月1日在系统账单中列支。

（3）"折旧"：本年提取的生产线折旧合计。

（4）"其他支出合计"：包括维护费违约金、管理费违约金、代工收货违约金、租金违约金、处理财产损失（注：财产损失是出售生成线的资产损失，资产损失=生产线原值−累计折旧−残值）等。

（5）"所得税费用"：根据本年的权益合计计算是否需要交税。具体操作方法如下：

①当年利润总额为负（≤0），则当年未盈利，不用交税。

②当年利润总额为正（＞0），则当年盈利：

所得税费用=应税金额×税率

应税金额=当年利润总额−以前年度亏损

注：以上规则最终解释权归裁判组所有。

附件：市场预测（如图1所示）

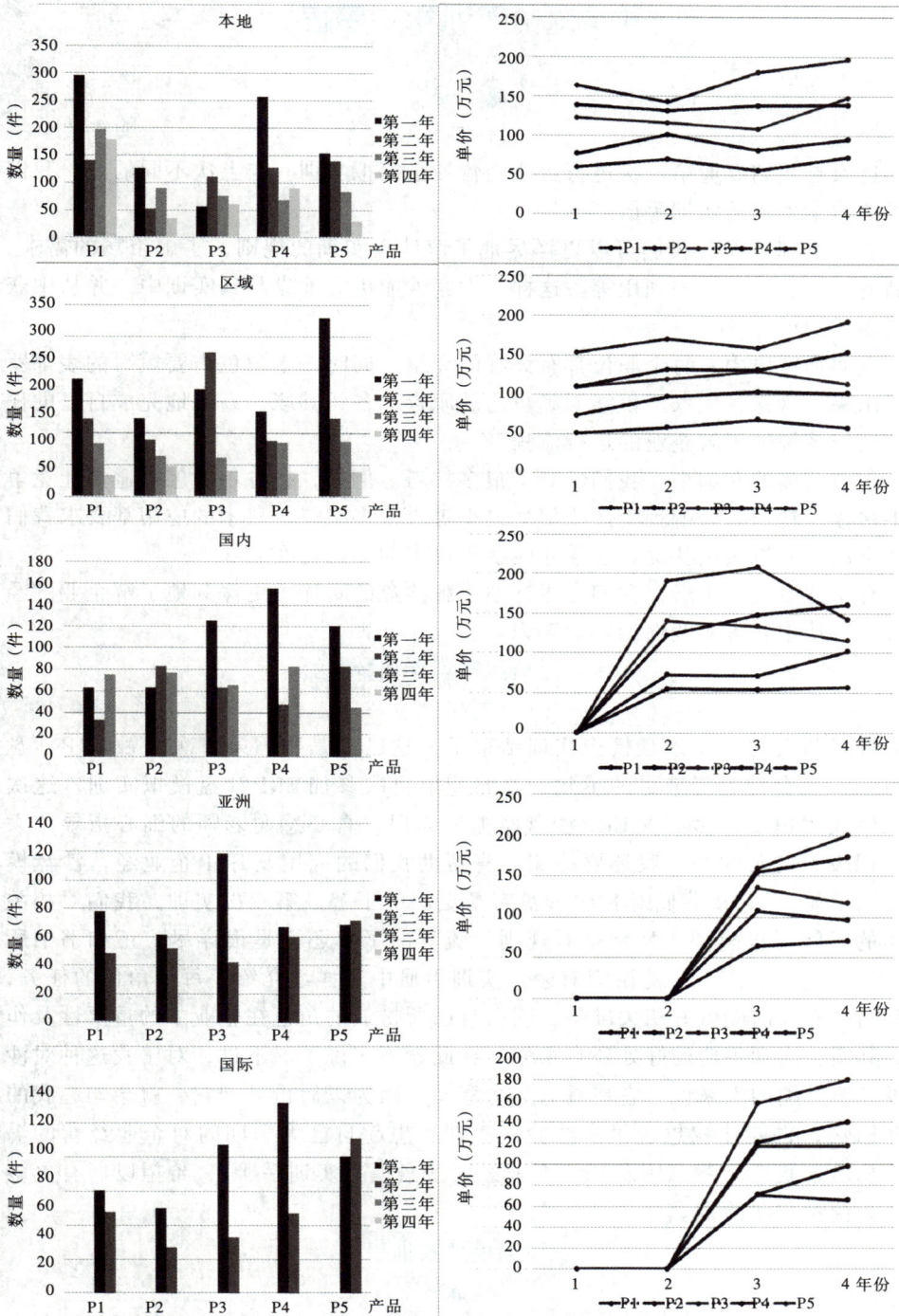

图 1　市 场 预 测

附录2 受训学生感言

感 受
（宋爽）

这次是我们专业第二次进行企业经营沙盘模拟实训。与上次不同的是，我们多了一本学生用的实训手册。

有了实训手册，我们可以更详尽地了解沙盘实训的规则，了解市场的需求、产品的价格、生产线的利用等。这样，大家就能更好地参与到实训中，并从中获得更多的知识。

在实训手册中，每个职位都有详细的介绍，同时每个角色需要填写的表都罗列了出来。这样，大家不仅能明确自己的职责，各司其职，高效地完成自己的任务，还能系统地了解企业的运行流程。

在前两篇的介绍中，我们学会了很多技巧。例如，接订单时怎样避免让竞争对手多接，转产时转哪种生产线损失最少等。很多战略、战术的应用都要求我们更加全面地分析实训状况，这样才能获得更多的知识与经验。

有了这本实训手册，我们会更好地了解沙盘的真谛，更深刻地了解企业的经营模式，从中获得实践性的专业知识。

拥有沙盘模拟实训手册的益处
（刘艳）

持续两天的ERP沙盘模拟实训结束了，这已经是我们第二次接触ERP沙盘模拟了，真有种意犹未尽的感觉，真希望能再次参加ERP沙盘模拟实训。这次实训使我明白了许多有关ERP沙盘模拟的知识，真心感谢老师的细心指导和大家的积极参与及配合。我还要感谢一直帮助我们的《用友ERP企业经营沙盘模拟实训手册》，它使我们对ERP沙盘有了更深的了解。第一次实训，我们对相关操作的了解还很模糊，特别是对规则、流程的了解还不是很详尽。正如书中所说，只有懂得规则，才能游刃有余。实训手册中还详细介绍了每个角色的任务，使我们在实训前能做好相关准备，明白自己所扮演的角色在企业中的重要性及作用。其实，实训手册的好处还有很多，在此就不多说了。不过，对于我这种对沙盘极其感兴趣的人来说，它更具有纪念意义。因为以后再见到它，就会勾起我的很多回忆，也能让我想起很多经验与教训，想起自己大学期间对企业经营的渴望。总之，我会珍藏《用友ERP企业经营沙盘模拟实训手册》，希望以后有更多的机会接触ERP沙盘。

关于沙盘模拟实训手册
（朱振）

经历两次ERP沙盘模拟实训，我收获很多，感受也不同。作为工商管理专业的学生，我深知ERP运作对我们将来工作的重要性。

第一次实训，仓促上阵，什么也不懂，规则也不是很清楚，脑袋里也乱得很，还没回过神实训就结束了，留下了很多遗憾。

第二次实训，最大的变化就是懂得规则了。通过阅读实训手册，我知道了具体运作流程，尤其是财务预算及资产计算的方法。两次同为财务总监的我，在上一次实训中对这一职位完全陌生，所幸第二次阅读了实训手册，我可以清楚财务方面的各项活动，从而弥补了上次实训中的遗憾。再有就是实训手册对规则的详尽阐述，使我对ERP沙盘有了全新的认识与理解。

在实训手册的指导下，我在第二次实训中收获颇丰。

使用沙盘模拟实训手册的感受
（闫杰）

4月21—22日，我们经历了为期两天的ERP沙盘模拟实训。在这次实训中，我懂得了什么是失败，什么是进步。进步是第二次经历带给我的，当然还有一个小助手——《用友ERP企业经营沙盘模拟实训手册》。

在上一次实训时，由于没有一个正式的文本规则，我对整个流程的了解还不是很透彻，只知道大概怎样，很不专业，因此感觉整个过程就像是过家家，不仅对自己的角色了解不透，对他人的角色更是模糊。在这次实训前，我认真学习了实训手册中的相关内容，明确了实训目的、内容和相关要求，保证了实训效果。

虽然从排名上我们组是最后一名，但我们收获了很多。从失败中，我看到了什么是竞争、什么是生存、什么是超越自己。我清楚地知道了每个步骤的含义，对整个流程都是清楚的，享受了整个过程。

失败算什么，我不认为自己是失败的，能在失败中站起来的人，才是真正的强者。

沙盘模拟实训手册的好处
（何露丝）

第二次玩沙盘和第一次不同的是我们多了一本实训手册，有了明确的规范和准则，自然好处是很多的。在此，我要谈谈自己的看法。

既然是模拟竞赛，就一定要有竞赛规则，而这本手册最大的用途就是将规则更明确、更细致地描述出来，保证了竞赛的顺利进行。虽然参加过一次竞赛，但我们仍不敢保证已经掌握了所有规则，如生产线的开发周期、费用及残值，每条生产线的转产期和转产费用等。可是翻翻手册，诸如此类的规则就一目了然了。另外，对于容易出错的细节及容易作弊之处更需要规则加以规范，从而使竞赛更加公平、公正。

团队成员每人一本手册，有效避免了"事不关己，高高挂起"现象的出现。企业经营沙盘模拟实训是一个团队合作项目，每个人在熟知自己职责的基础上还要了解组内其他角色的相关职责，CEO更要熟知各个角色的分工，这样才能制定好总体战略。

此外，每个角色都需要填写相关操作表格，这样可以使每个程序都更加规范，从而提高了操作效率，加深了我们对"企业战略管理"课程的理解，真正把理论与实践联系了起来。

实训手册中增加人力资源总监的角色很有必要，有利于监控组内每个成员的态度和绩效；同时，硬性要求填写团队名称、企业目标、使命、愿景，更有利于增强临时团队的凝聚力，从而获得更好的实训效果。

总而言之，实训手册堪称沙盘操作的必备品！